"小学语文十大青年名师"丛书编委会

顾　　问	杨再隋　周一贯
总 主 编	杨永建
主　　编	杨　伟
编　　委	杨永建　杨　伟　郭艳红　郝　波
	宋园弟　郝　帅　杨壮琴　田　晟
	刘　妍

小学语文十大青年名师

课堂里的诗与思

总主编 杨永建

主 编 杨 伟

顾文艳 著

济南出版社

图书在版编目（CIP）数据

课堂里的诗与思 / 顾文艳著. —— 济南：济南出版社，2025.4. —— ISBN 978-7-5488-7187-3

Ⅰ. G623.202

中国国家版本馆 CIP 数据核字第 2025WB9862 号

课堂里的诗与思
KETANG LI DE SHI YU SI

顾文艳　著

出 版 人　谢金岭
责任编辑　张慧泉　姚齐湘
装帧设计　李　一

出版发行　济南出版社
地　　址　山东省济南市二环南路1号（250002）
总 编 室　0531-86131715
印　　刷　济南乾丰云印刷科技有限公司
版　　次　2025年4月第1版
印　　次　2025年5月第1次印刷
开　　本　170mm×240mm　16开
印　　张　17
字　　数　250千字
书　　号　ISBN 978-7-5488-7187-3
定　　价　58.00元

如有印装质量问题　请与出版社出版部联系调换
电话：0531-86131716

版权所有　盗版必究

序·"语文"代有才人出

周一贯

我自 15 虚岁以绍兴越光中学初一学生的身份参军入伍，就与语文教学结缘：在部队当文化教员，为干部战士扫除文盲，深感贫苦农民子弟对识字学文的强烈心愿。我才明白原来学语习文对生命成长是如此重要，也因此种下了我对语文教学深情厚爱的种子，乃至在转业地方时，我只要求当一名农村小学语文教师。由此一直干到八十七岁，从事语文教学事业整整七十二年。

在我从事语文教育的生涯里，一直有着名师的榜样引领和精神鼓舞，才令我得以将语文教育奉为终生的事业而乐此不疲。

绍兴是"名士之乡"，自然也是"名师之乡"，因为名士的背后少不了名师的引领。记得我上小学三年级时，我的二姐和三哥都已上初中。假期归来，他们张口闭口说的都是《爱的教育》，出于好奇，我也开始读他们带回来的《爱的教育》，才知道翻译这本书的还是我们绍兴的一位语文老师夏丏尊。于是，又进一步知道他是哥哥姐姐们当时常念叨的上虞春晖中学的老师。他应当是令我心动的第一位名师。

在转业地方后，我也当上了语文教师，最感兴趣的是春晖中学语文名师团队。除夏丏尊之外，朱自清、范寿康、蔡冠洛……都令我十分关注，由衷钦佩。

改革开放以后，百业俱兴，教育事业也乘风破浪，一日千里。我不仅与我特别关注并深受感召的名师王有声、霍懋征、斯霞、袁瑢、丁有宽等见过面，还有过深深的交谈，他们自然对我感召有加，成为我心中的楷模。

在面向新世纪的那些岁月里，我与诸多语文名师，如靳家彦、于永正、贾志敏、支玉恒、徐鹄、孙双金、窦桂梅、王崧舟等自然有了更为深入的交往，他们的专业成就也同时内化为我的生命力量。

我国小语界名师队伍的俊彦迭起，名流荟萃，令我方落数笔，已觉烟霞满目，神驰意飞……

　　名师队伍得以不断发展壮大，最关键的在于有强健的内在"机制"。"机制"是什么？第一，其本义应当指机器的构造和动作原理（《辞海》），但现在已有了十分广泛的引申，可以泛指所有内在的工作方式和相互关系。"名师培育"这一事关提升教育质量、事关立德树人关键举措的伟业，其内在机制，首要的当然是教育行政部门的引领和扶掖。第二，当是研修平台的搭建和展示，诸如课堂教学评优、教育论著评选、专业能力评审等，都是名师进阶不可或缺的平台。第三，它更要教育传媒的提携和播扬。在这方面，《小学语文教学》编辑部做得可谓有理有据，有声有色。《小学语文教学》曾经是我国小语会的会刊，一直为国家小语事业的改革开放尽心尽力。现在一样为全国小语界的繁荣发展而殚精竭虑。如《小学语文教学》与《小学教学设计》杂志社已联合为"全国十大青年名师"的遴选举办了六届，推选出了60位全国各地的优秀语文青年名师。2019年联合济南出版社，出版了"十大青年名师"丛书（第1辑），有徐俊、杨修宝、李斌、鱼利明、王林波、许嫣娜、史春妍、孙世梅、张学伟、彭才华等十位名师的专著问世，社会反响十分热烈。因此，2022年又将出版李文、李虹、李祖文、赵昭、张龙、陈德兵、汤瑾、顾文艳、付雪莲、徐颖等十位老师的十部论著。

　　当然，在价值多元时代，教师专业发展的高度正在被不断解构，记录被不断刷新，因此，名师也在不断发展之中。"与时俱进"应该是名师们共有的生命信念。我们都会时刻警惕：切忌对未来展望的可怕短视，对已有成就的自我高估和对现实问题的视而不见。这是语文名师的大忌，也是我们所有语文教师的大忌。

　　在人类崇高且富有审美情趣的语言化生存中，我们正在构筑的是一道美丽的生命风景。我们应当为此而欢呼。

　　语文代有才人出，共襄伟业万年春！情动笔随，书写到此，该画上句号了。恭以为序。

2022年6月11日于越中容膝斋

目 录

教学主张

2　童诗教学：养护儿童言语想象力

13　写作主题课程：牧养儿童语言品质
　　——以"小动物"系列主题写作为例

20　例谈低年级革命传统题材教学的"润"策略

25　以儿童的方式拥抱诗歌
　　——以统编教材四下诗歌单元教学为例

教学实录

38　什么是好课
　　——《交朋友》教学实录及点评

53　一节自然而诗意的课
　　——《彩色的梦》教学实录及点评

63 透明的童诗课

　　——《问号里的诗》教学实录及点评

72 诗意融水墨,生命共成长

　　——《童年的水墨画》教学实录及点评

80 不着痕迹,点面结合

　　——《我的植物朋友》教学实录及点评

92 以讲故事的方式学故事

　　——《宝葫芦的秘密》(节选)教学实录及点评

100 设计交际情境,实现有效教学

　　——《我们与环境》教学实录及点评

109 让学生成为课堂的主角

　　——《我是小小讲解员》教学实录及点评

119 亲切平常,灵动扎实

　　——《父母之爱》教学实录及点评

134 在分享中实现"交际"

　　——《同读一本书》教学实录及点评

教学设计

146 《动物儿歌》教学设计

150 "听故事讲故事"教学设计

154 《海底世界》教学设计

164 《美丽的小兴安岭》教学设计

170 现代诗二首《秋晚的江上》《花牛歌》教学设计

174 《在天晴了的时候》教学设计

180 《枫桥夜泊》教学设计

成长故事

188 把每一个日子过成诗

名师评说

210 诗育儿童　诗趣人生
213 诗教天空里的一片艳阳

童诗课堂

224 "礼物"
227 你的心中可有一片海
231 认识"童诗里的自己"
235 树　林
239 太阳不只是个传说
243 我怕月光进不来
248 星星落地的声音，你听到了吗？
252 一朵白云一首诗
256 游戏的童年
261 造就一片草原

教学主张

童诗教学：养护儿童言语想象力

写作主题课程：牧养儿童语言品质

例谈低年级革命传统题材教学的"润"策略

以儿童的方式拥抱诗歌

童诗教学：养护儿童言语想象力

摘要：言语想象力是凭借语言文字，结合感性经验形成新形象以及利用语言文字实现自己对事物的认识、理解与感受的能力。从人的发展来看，童年时期的教育对儿童的言语想象力的养成至关重要。面对儿童言语想象力流失的现状，本文提出以童诗教学养护儿童言语想象力。笔者在长达八年的童诗教学实践的基础上，从"诵读童诗，激发想象；欣赏童诗，唤醒想象；创作童诗，放飞想象"这三个方面具体阐述童诗教学对于养护儿童言语想象力的意义。

关键词：言语想象力　童诗教学　养护

一、儿童是天生的诗人

天是云的家/云是雨的家/为什么会下雨/因为/雨宝宝要出来玩玩

你相信吗？这是三岁幼儿随口吟出的小诗，作者就是我的儿子——涵。

春天，带涵在公园散步，杨柳依依，绿草如茵。

"妈妈，好大的雪！"他感叹着。我一时感到莫名其妙，春日暖阳如此和煦，哪有什么雪呀？

"妈妈，是绿色的雪，柳树绿了，小草绿了……"我震惊于孩子那无比奇特却充满诗意的想象，好一场绿色的雪！那一年，他四岁。我不得不惊叹："儿童是天生的诗人！"

冬天，我抱着涵，他说："我冷得像冰块，妈妈把我焐成太阳。"

我给他穿上晒过的小棉鞋，他说："妈妈，我把太阳踩在脚下了。"

他的语言似乎时时闪耀着诗意的光辉。可自从他上小学后，诗意的表达却越来越少了。

雪莱认为：诗可以解作"想象的表现"。我不禁深思：儿童逐渐丧失天性中的诗意，是因为想象力受到制约和伤害了吗？为了保护儿童的想象力，为了尽可能保留儿童言语中的诗意，我们可以做些什么？

二、言语想象力亟须养护

养护，即养育和维护的意思。想象力，是"对人类贡献极大的伟大才能"（马克思），它与生俱来，存在于儿童早期的智力发育中，与语言能力同生同长，相伴相随。也就是说，人的想象力最初表现为言语的想象力。言语想象力就是凭借语言文字，结合感性经验形成新形象以及利用语言文字实现自己对事物的认识、理解与感受的能力。

"教师把事先准备好的种种原理、结论和推理一股脑儿塞进儿童的脑子，往往不让儿童有可能哪怕接触一下思维和活的言语的源泉，这就捆住了他们的幻想、想象力和创造力的翅膀。"（苏霍姆林斯基）

美国内华达州的一位3岁女孩伊迪丝的母亲未必读过这段话，可他们的想法却如此惊人地相似——机械生硬的教学会让想象折翼。1968年，这位母亲把幼儿园告上法庭，理由是幼儿园剥夺了伊迪丝的想象力。她女儿在认识"O"之前，能把"O"说成苹果、太阳、足球等圆形的东西，自从幼儿园教她识读了字母"O"，伊迪丝便失去了这种能力。3个月后，此案在内华达州州立法院开庭，幼儿园败诉。

潘新和在《语文：表现与存在》中指出：想象是属于心灵的，是人的生命中固有的。想象是一种生命潜能和冲动，是符号生命意志的呈现，它是属于每一个人的。可现实的情况却是有的人富有想象力，而有的人却毫无想象力。这种自然的生命冲动的流失，跟人的童年经历和所受的教育密切相关。

童年时期的教育对儿童言语想象力的养成至关重要，如果这一时期对儿童自由的言说过多地限制，对儿童充满诗意的话语进行自以为是的封杀，用成人的眼光批评儿童的创造，那不正是手持锋利的剪刀，以似乎"正当而充分"的理由剪去儿童想象的双翼吗？

"如果在孩提时代孩子的想象力通过适合各个年龄的刺激保持得很活跃，那么当它以适合成人的方式发挥作用时，想象力会更为活跃。"（罗素）

三、语文教学呼唤诗性之美

文学想象力是作家展开活跃的艺术思维，纵横驰骋于艺术"神思"中的能力，从根本上说，它是一种艺术智慧。意大利哲学家维柯将其称之为"诗性智慧"。

维柯发现人的感官、直觉、本能在创作中起到意想不到的效用，特别是想象性因素作为人类的自然本性早就存在于艺术思维活动中。

童诗教学养护儿童言语想象力，这种想象力正是诗性智慧不可或缺的条件，而语文教学正呼唤着诗性智慧。

泰戈尔说，教育的终极目标是培养学生面对一丛野菊花而怦然心动的情怀。童诗教学的目的不在于培养小诗人，而是让儿童在诗歌的海洋里发现美、欣赏美、创造美！

诗主要是表现美的，美无处不在。只要引导儿童用聪慧稚嫩的眼光去观察事物，用细腻敏感的心灵去感受事物，那么，无论是在花鸟鱼虫中，还是在日月星辰中，儿童都可以捕捉到动人的诗意！罗丹曾说过："世界不缺少美，而是缺少发现的眼睛。"套用这句话："世界不缺乏诗意，缺乏的是感受诗意的心灵。"

天际的一缕流云，四季的更迭交替，花儿开了又谢，只要有一颗诗心，怎会感受不到世间万物中蕴藏的诗意呢？

童诗教学的过程其实就是美的教育过程。学生阅读了大量的童诗作品，在朗读中体会、品味童诗的形式美、节奏美、意境美和意蕴美。经过童诗熏陶的儿童，他们心中有更多的爱，有真善美的种子。再平凡的现象，在他们眼里，都无比美好，在他们笔下，都化成了诗意的文字。

一次童诗课结束，戴雨菲拉拉我的衣袖说："顾老师，我每天晚上睡觉时，只关门，不拉窗帘，因为我要让月光进来。"那一刻，我觉得，这世界上再没有比在儿童的心中播下诗意更美好的事情了。

夜晚/我关门睡觉/从不拉窗帘/我怕/月光进不来

我和她一边走一边聊，一起创作了这首小诗，取名为《让月光进来》。

四、八年来的童诗教学实践

儿童文学家樊发稼说："诗歌天然地和儿童有着一种契合关系，他们的想象方式、表达习惯和认知渠道，都有着诗的品质。"既然两者如此契合，用诗歌养护儿童的言语想象力，应该是水到渠成的吧？

2008年，我带着学生走上了童诗铺就的小路。

（一）诵读童诗　激发想象

诵读童诗是激发学生想象力的游戏。春暖花开，我给学生朗诵王宜振的《春天很大又很小》。春天快要离去，我又给学生读杜荣琛的《春天被卖光了》。

师：多么大胆奇特的想象呀！"春天是一匹美丽的彩布，而燕子就是那卖布郎，他把春天一寸寸卖光了！"诗人就是想别人不敢想，想别人想不到的。你们眼中的春天又是什么样的呢？它是怎么来的？又是如何去的呢？

生1：春天是从柳条上滑下来的。

生2：春天变成柳絮飞走了。

生3：春天是雪花仙子离开时送给大地的一幅画。

……

学生的想象力让人为之惊叹！而诵读童诗，无疑是滋养他们的想象力的有效途径。诵读童诗时，我会指导学生读出诗的节奏，读出诗的韵律，把童诗读得像唱歌般好听。教师范读、教师引读、分组对读等形式的诵读，让学生兴趣盎然。

学生最喜欢的还是表演读，他们把自己想象成诗中的那株草、那朵花、那片云……他们表演着，诵读着，如痴如醉。

风跑得直喘气/向大家报告好消息/春天来了,春天来了/花朵站在枝头上/看不见春天/就踮起脚尖,急着找/春天,在哪里/春天在哪里/花,不知道自己就是/春天

诵读谢武彰的《春天》时,学生学着风跑得呼呼喘气的模样;把小手拢成喇叭状,欢呼着"春天来了,春天来了!"他们踮起脚尖,四处张望,焦急地询问"春天在哪里"。一首充满童趣的小诗,加上学生的想象,配上生动的表演,益发趣味横生。

金波先生在《唤醒童年》一书中阐述道:在童诗中,我们可以体会到语言的美。诗的文字要求凝练、优美、有情感、有意境;诗歌的语言要求朗朗上口、有节奏、有音乐性。而这一切都与儿童形象性、情感性和好模仿的心理特点相吻合,因而儿童容易亲近诗歌。首先从听觉上亲近它的声音美,随着理解的深入,又能感受到诗歌的情感美、意境美。

童诗教学的重点之一在于体会诗歌的语言美和音乐美。童诗教学不仅需要"目治",还需要"美听"。"目治"指着重学习诗歌语言的规范、纯净和张力,"美听"指着重从朗读中体验诗歌的韵律美。

风,摇绿了树的枝条/水,漂白了鸭的羽毛/盼望了整整一个冬天/你看,春天已经来到

这几句诗选自金波的童诗《春的消息》。这几句诗中,充满了文字的美,图画的美和音乐的美。一"绿"一"白",相映成趣,画面感扑面而来。我们仿佛看到了绿色的柔柳如丝如烟,而在一池春水里畅游的鸭子,羽毛是雪一般的洁白。两个动词"摇""漂"用在此处是多么传神。赏析语言的画面美,可以通过想象"目治";而赏析诗歌中语言的音乐美则一定需要"美读""美听"。第一和第四句诗的句末都是押"ao"韵,读来朗朗上口,如唱歌般动听。而且这两句诗通过停顿,通过长短句、整散句的组合,营造出的节奏美、韵律美,让我们领略到语言的音乐美。这样美的诗句,无需解析,只要让学生美美地听,美美地读。

(二)欣赏童诗 唤醒想象

据心理学家分析,小学阶段的学生虽然抽象思维有了一定程度的发展,

但仍以形象思维为主，特别是低中年级，常常借助具体事物或含有具体事物、具体动作的词语进行思考。诗歌是用意象来表情达意的，诗中丰富的意象极易唤醒学生沉睡的想象，从而进入诗中描绘的意境。我把金子美玲的《积雪》读给学生听：

上层的雪/很冷吧/冰冷的月亮照着它/下层的雪/很重吧/上百的人压着它/中间的雪/很孤单吧/看不见天也看不见地

学生被深深打动，我让他们谈谈感受。

生1：上层的雪好冷，真想为它盖上暖暖的被子。

生2：我以后走在雪地上，要轻一点，再轻一点，我怕雪会痛呢！

生3：我好想去陪陪中层的雪，让它们不再孤单！

欣赏诗歌，就是一次次唤醒的过程。诗歌，唤醒了学生心灵中幽闭的温柔和善良。

有些诗歌在排列形式上就具有形象化的特征，这样的诗歌更容易唤醒学生的想象。

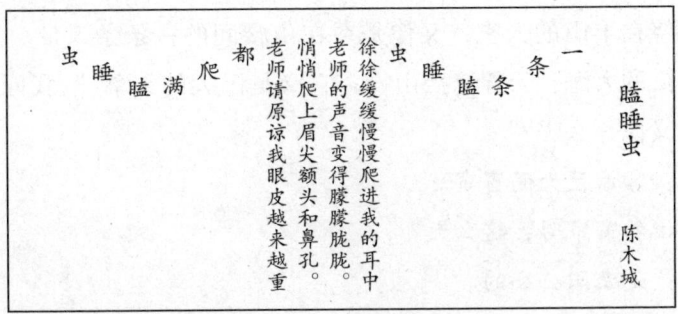

这首诗的呈现形式非常有趣，我们仿佛看到一个昏昏欲睡的人，一条条瞌睡虫正徐徐缓缓地爬进他的耳中……出示这首小诗以后，我问学生："你有哪些发现？"

生1：我发现那排成弧形的诗句像闭着的眼睛。

生2：我仿佛看到这个打瞌睡的孩子正拼命地想睁开眼睛，他怕被老师发现自己在打瞌睡。

生3：中间竖着排的四句诗像鼻子，中间的两个句号就像鼻孔。

……

> 伞 张贤坤
>
> 雨，
> 下着，
> 低着头，
> 赶快回家，
> 书包也不暖和，
> 衣服也不暖和，
> 突然一把伞在面前闪着光辉，
> 那是妈妈的伞，
> 我抬起头来，
> 雨已停了，
> 感激地，
> 喊着：
> 妈！

这首《伞》，诗句排列成伞的形状，逗号恰似从伞面上滑落的雨滴。诗与画的奇妙融合似一声春雷，唤醒了学生沉睡的想象。想象已扑扇着翅膀，等待飞翔。

（三）创作童诗　放飞想象

指导学生创作童诗，可以从捕捉学生一句新奇的比喻开始。《庐山的云雾》中有这样一段："那些笼罩在山头的云雾，就像是戴在山顶上的白色绒帽；那些缠绕在半山的云雾，又像是系在山腰间的一条条玉带。云雾弥漫山谷，它是茫茫的大海；云雾遮挡山峰，它又是巨大的天幕。"我问："在你的眼中，云雾又像什么呢？"

朱朝晖：雾像巨大的窗帘。

师：是谁的窗帘呀，这么大？

朱朝晖：是太阳公公的。

师：老师可以把这几句话变成一首小诗。

雾
朱朝晖

>雾
>是太阳公公
>起床时
>忘记拉开的窗帘

师：朱朝晖创作的第一首小诗，多棒呀！

第一首小诗的诞生，点燃了学生的创作热情。那诗意的种子已悄悄萌芽，那嫩绿的小芽，正一点点探出它的小脑袋！

　　创作，从仿写开始。我给学生读金波的《如果我是一片雪花》。

　　师：同学们，让你以《如果……》为题，你想写什么呢？

　　生：如果我是一朵云

　　生：如果我是一滴水

　　生：如果我是一条河

　　生：如果我是一片叶子

　　生：如果我是一盏灯

　　生：如果我是一支粉笔

　　生：如果我是一首歌

　　……

　　我又不得不惊叹学生诗意的心灵与奇特的想象！儿童和成人相比，最大的优势就在于他们拥有丰富而夸张的想象力。

　　有了诗题，怎样才能写好这首诗呢？我们再次阅读。

　　师：这首诗分为四小节，第一节提出一个问题：你猜，我会飘落到什么地方去呢？接下来的三个小节回答了这个问题。你在写诗时也可以如此：第一小节提出问题，后面几节回答问题。除了学习这首诗的结构，还可以向诗人学习表达方式。金波爷爷诗中的雪花，可以变成水，和小鱼、小虾做游戏，可以亲亲妈妈的脸。那么你们准备写的云、叶子、水、灯可以怎么样呢？这是孙可桢写下的一首小诗。

如果我是一片叶子

孙可桢

如果我是一片叶子
你猜
我会飘落到哪儿去呢

我愿飘落到大树下
为（茂密的）大树输送营养

让它茁壮，让它美丽

我愿飘落在小路上
落在（小）蚂蚁（的）身边
让它拥有一个温暖（舒适）的家

我更愿飘落到妈妈的身上
摸摸她　又亲亲她
然后快乐地为妈妈引路

　　诗中括号里的部分是被我删掉的内容。学生刚学写诗时，往往语言不够简练。写诗不同于写文章，语言要有诗味，力求简洁精练，不能拖泥带水，这就需要教师的指导与修改。

　　时间过得真快，自从我和学生的生活中多了一位新朋友——童诗，时光老人似乎年轻了许多，走起路来总是大踏步，稍不留意，时间就悄悄地溜走了。我们一起读诗写诗时，体会到无与伦比的幸福与快乐！快放学时，我和学生聊起冬天的话题。

　　师：在你眼中，冬天是什么样的？
　　生：冬天是掉了牙的老爷爷。
　　师：你怎么知道冬爷爷掉了牙？
　　生：因为雪花掉下来了。
　　师：冬爷爷的牙为什么会掉呢？
　　生：是因为听了北风讲的笑话。

雪　花
贾禹成

冬爷爷
听了北风讲的笑话
他笑掉了牙
雪花就
纷纷落下（来）

我建议他删掉括号中的"来",一是为了语言的简洁,更有诗味;二是为了和上面的"话""牙"押韵。诗歌合乎节拍、合乎韵律才会有节奏感。学生的语言是诗性的,但有时他们写的还不是完整的诗。把富有诗性的语言变成一首完整的诗,需要一个复杂的创作过程。所以对于学生来说,这种训练主要是语言的简洁、意象的饱满的训练。

　　通过长期童诗教学的熏陶感染,学生可以更敏锐地感受语言的美。创作诗歌时他们可以将自己的语言锤炼得愈发纯正、生动、悦耳。

夜
朱朝晖

夜
是个顽皮的男孩
静静地　悄悄地
拉开黑色的大网
我们这些入网的鱼儿
只剩下惊恐和慌张

——发表于《少年文艺》

手指上的家
吕灏琦

我把爸爸画在大拇指上,
把妈妈画在食指上。
中指上画着奶奶,
无名指上画着姐姐。
我最小,
我把自己画在小拇指上。
我们一家人,
永远亲亲热热在一起。

——发表于《中国儿童报》

风的鞋子

高 洋

春风穿着溜冰鞋

破开了厚厚的冰层

夏天的风穿着凉鞋

吧嗒吧嗒的雨点

是它跑步时热出的汗

秋风穿着运动鞋

赢得了一枚又一枚金牌

冬天的风穿着保暖鞋

一脚一脚

踩出了一个温暖的春天

——发表于《七彩语文》

五、把每一段日子过成诗

在童诗教学的路上，我边学边教，一路探索着前行。

2009年12月，我申报的课题"儿童诗阅读欣赏与创作的探索和实践"通过江苏省教研室的评审，顺利立项。做课题的这几年，我阅读童诗教学理论书籍，上童诗课，撰写童诗教学的论文，整理学生创作的诗歌并投稿，事无巨细，每件事我都力求做得完美。

一分耕耘，一分收获。我的学生发表了数百首诗歌，我也陆续被邀请到各地执教童诗课，开设童诗教学讲座。2013年，我的课题不仅顺利结题，还获得了江苏省基础教育优秀教学成果奖。

和学生相遇在诗意的海洋中是今生最美的际遇；我的心里，永远住着学生；我将和学生一起，继续把每一段日子过成诗！

写作主题课程：牧养儿童语言品质
——以"小动物"系列主题写作为例

摘要： 写作主题课程从生活经验出发，设计言语任务与活动，将写作知识和策略的学习融于真实情境之中。运用生活资源，还原生活样态；选择影像资源，提炼写作方法；整合文本资源，提升语言品质。

关键词： 主题课程　写作教学　语言品质

一、写作主题课程的核心意蕴

统编语文教材的习作编排，跟从前的教材相比出现了显著的变化：从强调内容趋向强调学习者的经验和体验；从强调目标趋向强调过程本身；从强调单一的教材趋向强调教师、学生、教材、环境四个因素的整合等。

单元整体架构下的统编教材教学，写作教学与阅读教学相互渗透，相互融合。学生写作能力的增强不能单靠一方面，真正能滋养写作能力的，是来自于日常语文学习的累积和渐进。以这样的观点来设计写作活动就绝不会限于单元作文，而是需要将写作活动进行课程化设计，需要补充、调整、创造各种写作教学资源。

写作主题课程是从学生的社会生活经验和教育目标的需要出发，以某一主题为核心，整合运用生活、影像、文本等多方面的资源，设计言语任务与活动，让写作知识和策略融于真实情境之中，以提升学生语言表达品质而设计的课程。

写作是以书面语言表达观念的过程，国内外学者对书面语言的形成过程做过研究，他们认为在识字教学阶段，儿童的书面语言是口头语言的翻版，这个时期，书面符号只是"第二顺序的符号"，它们代表的并不是思想和意义的本身。因此，儿童的书面表达具有口语的特征是毫不奇怪的，因为它只是转述和描摹口头语言，是记录口语成果的方法。但随着写字和阅读过程的自动化，"书面语言从第二顺序的符号变为第一顺序的符号"。换言之，随着写字和阅读技巧的形成，书面语言逐渐从口头语言中解脱出来，开始具备它比较特殊的品质。①

二、写作主题课程的设计与实施

二年级绝大多数学生的写字和阅读已经自动化了，因此，笔者给三年级学生设计了"小动物"系列写作主题课程。

（一）写作主题课程的目标与内容

课程目标：
1. 通过"小动物"系列主题写作课程，建构人与动物的和谐关系。
2. 整合教材、学生生活经验等资源，还原生活样态，让学生畅言。
3. 在课程的不同阶段，分别设置不同的教学目标，让学生能一练一得。
4. 通过评价与反馈，为学生提供学习的平台，提升学生语言表达的品质。

课程内容：
1. 鼓励学生饲养小动物，观察小动物的外形及其吃食、玩耍、睡觉等的情形，将有趣的画面拍成照片或小视频上传至班级 QQ 群。
2. 选择典型视频，集中指导观察，并进行写作指导。
3. 引入课文、教师下水文及作家作品等资源，指导学生揣摩经典片段，拓展写作角度，推敲语言表达。
4. 作文讲评，指导学生修改习作；编写《万物集》，通过"读者心语"

---

① 董蓓菲. 语文教育心理学 [M]. 上海：上海教育出版社，2006.

"同伴点评"等形式，促进学生的学习。

（二）写作主题课程的资源与运用

1. 运用生活资源，还原生活样态。"人类是社会的动物，从天性上，从生活的实际上，有必要把自己的观察、经验、理想、情绪等等宣示给人们知道，而且希望愈广愈好。有的并不是为着实际的需要，而是对于人间的生活、关系、情感，或者一己的经历、情思、想象等，发生一种兴趣，同时仿佛感受一种压迫，非把这些表现成为一个完好的定型不可。根据这两个心理，我们就要说话、歌唱，做出种种动作，创造种种艺术；而效果最普遍、使用最便利的，要推写作。"[1]

我在班里做了一项调查，有过饲养小动物经历的学生占90%以上。在实施"小动物"系列写作主题课程之初，我鼓励学生饲养小动物，和小动物交朋友。我把每天语文课前的两分钟定为"晒宝时间"。学生介绍自己饲养的小动物的名字的由来，介绍小动物的外形特点和生活习性。

每天的"晒宝时间"成了学生最期待的时刻，"蓝莓""哈利""嘟嘟"这些名字也成了他们聊天时的高频词。每个学生在聊起小动物时都是满脸兴奋。"情动而辞发"，此刻，如果让他们写一写小动物，一定可以畅所欲言，因为火候已到。

第一篇关于小动物的习作，我不规定写作对象，不限定写作内容。一些大文学家总结自己的经验，在指点初学者作文时，大都提倡"先放后收"。"先放后收"的提法给了我启示：①作文训练应分阶段；②训练之初宜放手让学生写，鼓励其兴趣和自信心；③练习一定时间，要逐步提出要求。[2]

我设计的"小动物"系列写作主题课程正是分阶段训练：初始让学生放手习作，其间逐步提出要求，在逐项训练后，学生的语言表达能力得以提高。

在第一阶段的放手写作中，学生习作内容丰富多彩，字里行间流淌着

---

[1] 叶圣陶. 下笔如有神[M]. 武汉：武汉大学出版社，2023.
[2] 朱作仁. 小学语文教学法原理[M]. 上海：华东师范大学出版社，1988.

真情。

"转眼，我和哈利要分别了。爸爸说，单元楼不适合养哈利，哈利要留在老家。为这，我哭了好几次。

回来的路上，我买了一只陶瓷狗，但它摔碎了。我把碎片捡回来，小心地抱在怀里，就像抱着哈利……"（刘一苇《狗狗哈利》）

当然，放手写作，还是为了寻找写作主题课程下一阶段教学的原点。通过习作反馈，我发现学生介绍小动物的生活习性时，内容干巴巴，缺少画面感，没有代入感。仔细批阅并分析了第一次习作的优缺点，我确立了适合本班学情的第二次习作的教学目标。

2. 选择影像资源，提炼写作方法。第一阶段的自由写作完成后，我让学生捕捉小动物生活的精彩画面并拍成视频上传，我选择了几段视频作为指导学生观察的素材。多媒体的运用，使观察的对象不再局限于实物、图片等。在播放视频时，可以根据需要随时暂停、回放，这对培养学生有目的、有条理地观察事物的能力是很有帮助的。

（1）选择观察样本。这些视频是学生精心选择的生活中的样本，具有典型性。我在其中筛选出易于放大观察点的视频：诸如乌龟抢食，小猫大战吸尘器等。

按照写作过程思维活动的规律，小学作文教学必须抓好对学生的观察能力和形象思维能力的训练。根据大脑发育的科学资料，综合许多心理学家的研究成果，我们可以知道青少年智力发展有两个关键期：五六岁和十四岁左右。而小学阶段（七岁至十二三岁）是培养观察力，发展形象思维能力的最佳年龄期。①

（2）聚焦观察角度。聚焦观察点，有利于学生及时捕捉有效信息。观察元浩家的乌龟时，我明确了本次习作的要求：描写嘟嘟抢食的画面，注意动词的运用，比一比谁用的动词更准确、更丰富，谁的习作更有画面感。

一块肉正好落到了小浅身边，嘟嘟看见了，马上游过去。可是嘟嘟怎么

---

① 吴立岗. 小学作文素描教学［M］. 杭州：浙江教育出版社，1984.

拉、怎么拽都抢不过来，因为小浅用尽九牛二虎之力咬住了肉。于是，嘟嘟也用尽了全身力气。快看！嘟嘟把小浅和那块肉一起拽进小房子里，我们都被吓住了。（蔡依霖）

观看逸轩家的布偶猫时，我提醒学生除了观察布偶猫的动作，还要观察它的神情，并想象它的心理活动。第二次习作训练的重点是对神态和心理活动的刻画。

逸轩妈妈给小可怜喂奶时，歪歪脸突然冲过来，咬住奶瓶不放，一边喝奶，一边喵喵叫，仿佛在说："这是我的奶瓶，你想喝，哼，没门！"

小可怜呢？只能躲在角落里，眼巴巴地看着歪歪脸喝着奶。"喵——我们是好兄弟，为什么要这样对我呢？喵——"（夏若宁）

（3）提炼写作方法。我从学生习作中找出精彩句段归类呈现，并从中提炼出写作方法：外形描写要抓住特征，突出重点；动作描写要分解动作，将一系列动作化为慢镜头；心理描写要发挥想象，代入角色……

叶圣陶说：小学生今天作某一篇文，其实就是综合地表现他今天以前知识、思想、语言等方面的积累。所以作文是生活实践（观察事物）、思维（分析事物）和语言（用文字表达事物）的统一。当学生在进行第三次关于小动物的"素描作文"时，他们写作的起点已经和第一次不同了。他们的习作呈现出了不一样的风貌：能用上贴切而丰富的动词对小动物进行动态描写，习作更有画面感；能通过心理描写表现小动物的个性特征。

3. 整合文本资源，提升语言品质。改革教学内容就是要突破以学科为中心的课程体系，遵循学生的认知发展规律，精心选择和组织学习内容；就是要紧密联系社会生活实际，选择具体的教学内容；就是要深入分析和挖掘教材内容的多重价值，使课程的学习和社会实践结合起来，体现课程学习的价值；就是要善于根据学生实际合理调整教材体系，使不同地区、不同能力的学生有较大的选择空间，突出学生学习内容的自主性和教材内容的时代性。

（1）引入课文，揣摩经典片段。在"小动物"系列写作主题课程教学过程中，我们重温了课文《美丽的丹顶鹤》《我叫黑脸琵鹭》等文，欣赏并揣摩作者的写作方法。

丹顶鹤有一身洁白的羽毛，脖子和翅膀边儿却是黑色的。它的头顶就像嵌着一颗红宝石，鲜红鲜红的，怪不得人们都叫它丹顶鹤呢。

我先让学生圈画出表示颜色的词，然后我把"就像嵌着一颗红宝石"去掉，与原文进行对照，让学生体会这句比喻的妙处。

（2）引入范文，拓展写作角度。《雨天日记》是我自己创作的童话，以名为"雨天"的小猫为主角，用日记的形式记录小猫出生后夹在墙缝中并获救的过程。这篇日记体童话给学生一种启发——可以用小动物写日记的方式记录它们的生活。《我是一只狐狸狗》是林良先生的作品，这本书以一只名为"斯诺"的狗的口吻向读者展示了一幅幅温馨的生活画面。

我鼓励学生们可以用小动物的口吻写信、写日记或编写关于小动物的童话等形式描写小动物的生活。学生依霖替乌龟嘟嘟给乌龟小浅写了一封道歉信，学生宣仪以猫记者的身份创作了《猫猫新闻》，学生诗涵创作了童话《我想有个凉快的家》……

（3）引入例文，推敲语言表达。在写作教学中，我发现学生对名家名篇的模仿热情不及对同伴的，同伴的影响更有渗透力和感染力。因此，我把学生每一阶段的优秀习作编印成集，题为《万物集》，并让学生圈画出例文中的精彩句段，还鼓励学生为同伴的习作写点评。其实，在写点评的过程中学生就已经学习到同伴的写作经验，这样的学习方式是润物无声的。

我还提倡学生重做旧题，并将自己的习作与优秀习作进行比较，找到自己习作中的生长点。

三、写作主题课程的评价与反思

回顾一学期来的写作主题课程，我看到了可喜的变化：曾经害怕小动物的，主动要求饲养小动物；曾经害怕写作的，爱上了写作；与写作兴趣、写作自信同时增长的还有写作能力。总结下来，写作主题课程具有以下意义。

（一）生活的意义

写作主题皆源自学生的生活。写作是一种对话，是自我与万物的对话。

参与写作主题课程学习的学生必将自主地关注生活，生命体验也会随之丰富而广阔。

（二）集约的意义

写作主题课程将同主题的系列写作安排在一学期或半学期内。在较长的写作周期内进行同一主题的写作训练，有利于教师充分发挥整合的教学资源的效用，避免了学生散点式写作练习无法聚焦写作训练点的缺憾。

（三）渐进的意义

写作属于技能训练，写作主题课程的设计与实施是一步一步的，一练一得的模式让学生的写作能力也得到渐进式提升。

当然，在写作主题课程的实施过程中，我也有以下疑惑。一是如何处理教材中的写作课程与教师自己设计的写作主题课程的关系。二是如何在课程实施中对写作有天赋的学生和写作有困难的学生进行更有针对性的指导。三是如何将各年级的写作要求具体化，并分解在写作主题课程之中，从而将写作主题课程序列化。如果继续开发写作主题课程，或许，这些问题的答案会渐渐明晰⋯⋯

例谈低年级革命传统题材教学的"润"策略

统编版教材革命传统文化题材类的学习内容在不同年级有不同的呈现方式。低年级以单篇课文的形式出现,中高年级除了增加了该题材单篇课文的数量,还专门安排了主题单元:五下第四单元、六上第二单元及六下第四单元都是革命传统文化主题单元。无论是哪一个学段,教学都应立足于文本,在语言学习的基础上,以"润物无声"的方式实现语文学习与革命传统教育的有效融合。本文结合自身教学实践,谈谈革命传统文化题材教学的"润"策略。

一、活解字词,柔润无痕

对于低年级学生来说,识字写字是语文学习的基础,也是重要内容。理解生词的方法有很多,比如,换词法、拆词法、联系上下文理解等。革命传统文化题材的课文中有些词语是需要教师结合历史背景、联系生活实际帮助学生理解的,而不应把工具书上的释义生硬地塞给学生。"词典语义"和"情景语义"有机融合,才能让词语沉入学生心中,潜移默化受到革命传统文化的教育。

一下第二单元《吃水不忘挖井人》讲了毛主席在江西领导革命时,住在瑞金城外的沙洲坝村。沙洲坝没有水井,乡亲们吃水要到很远的地方去挑,毛主席就带领战士们和乡亲们挖了一口井。解放以后,乡亲们在井边立了一块石碑:"吃水不忘挖井人,时刻想念毛主席",以此来纪念我们的伟大领袖。

在布置学生预习课文时,有学生提出这样的问题:"课文第一自然段写瑞金城外有个村子叫沙洲坝,毛主席在江西领导革命的时候,在那里住过。毛主席在江西领导革命,为什么住在沙洲坝?"

学生提出这个问题,显然是不明白"江西""瑞金""沙洲坝"这三个地名之间的关系。为了解开学生的疑惑,我在黑板上画了两个大圈,分别写上"江西"和"上海",接着我又在两个大圈内分别画上两个中圈,在一个圈内写上"瑞金",在另一个圈内写上"浦东",最后再在两个中圈内分别画两个小圈,在一个圈内写上"沙洲坝",在另一个圈内写上"三林"。这两幅图画好后,我让学生看着图说一说我们学校处于哪个位置。

学生回答:"我们学校位于上海市浦东新区三林镇。"看着黑板上的两个圈,大部分学生已经明白了"江西""瑞金""沙洲坝"这三个地名之间的关系。我再让学生说一说毛主席住在哪里,学生回答:"毛主席住在江西省瑞金城外的沙洲坝。"

用联系生活的方式帮助学生理解课文中难以理解的字词,既可以取得事半功倍的效果,又将对伟大领袖的尊敬和爱戴无声地融入生字词的学习之中。

二、美读课文,浸润心灵

人是身心、情感、思维的统一整体,是知识与意义的自主建构者。美读课文是一种整体性语言活动,学生通过朗读来进行语感体验,并推动他们自己的情感、审美、思维的综合发展。教师要避免低年级革命传统文化类课文教学中的脸谱化、冷漠化问题,必须站在儿童的视角,抓住文本语言的表达规律,以朗读体验为"经线",以字词句理解为"纬线",将文本价值镶嵌在语言实践活动当中,让学生真正走进人物的心灵世界,进而润化自己的心灵。

二上第六单元《难忘的泼水节》讲述了1961年敬爱的周总理到西双版纳和傣族人民一起过泼水节的事。这篇文章着重描述了傣族人民热情欢迎周总理以及周总理和傣族人民一起敲鼓跳舞、泼水祝福的场景。

文章开头写道:"火红火红的凤凰花开了,傣族人民一年一度的泼水节又到了。""火红火红"写出了凤凰花色彩的艳丽,盛开的凤凰花为一年一度的泼水节增添了欢乐、幸福的色彩。在指导学生朗读这段文字时,我播放了泼水节的视频,学生看见了火红的凤凰花,听到了欢乐的鼓点,感受着泼水节热闹的气氛。每年的泼水节都是那么快乐、那么热闹,作者为什么说今年的泼水节傣族人民特别高兴呢?这个问题很自然地引起了学生学习下文的兴趣。应该注意,这篇文章中有不少词句是对称的:

一条条龙船驶过江面　一串串花炮升上天空

向人们泼洒　为人们祝福

泼呀,洒呀　笑哇,跳哇

这些对称的词句读起来仿佛敲着鼓点一般,富有节奏感,富有音乐美。在指导学生朗读时,引导学生关注这些对称的句子,从而感受傣族人民因为和周总理一起过节特别兴奋的心情。这种兴奋的心情在文章的结尾处达到了高潮。课文的最后三个自然段,四句话就用了四个感叹号,这里的感叹号表达了傣族人民的激动之情。文章的最后两个自然段是这样写的:

多么幸福啊,1961年的泼水节!

多么令人难忘啊,1961年的泼水节!

作者为什么不这样写:"1961年的泼水节多么幸福,1961年的泼水节多么令人难忘"呢?我让学生这样读一读,再与原文作比较,从而让学生感受到原文把"多么幸福""多么令人难忘"放在句子的前面更能突出幸福,突出这个泼水节令人难忘,也更能表达傣族人民对周总理的敬爱。

二下第二单元《雷锋叔叔,你在哪里》是一首诗歌,全文以寻找雷锋为线索,展开对雷锋事迹的追述,最终发现雷锋就在我们身边。

沿着长长的小溪/寻找雷锋的足迹/雷锋叔叔,你在哪里/你在哪里

在第一节中出现了两次"你在哪里",这是诗歌中常见的"反复"的修辞手法,这首诗多次采用了"反复"的手法,不仅增强了诗歌的节奏感,而且表达了寻找雷锋的迫切心情。因此在指导朗读时,教师要让学生在读中感悟,感受到第二句"你在哪里"比第一句"你在哪里"更加急切。

这首诗还运用了不少叠词:"长长的小溪""蒙蒙的细雨""弯弯的小

路"……学习课文时，教师要让学生关注这些叠词，在朗读时能通过重读或者延长声音的方式突出它们，因为这些叠词不仅让诗句更富有音乐感，而且突出了雷锋在做好事时的艰难。

小路说/昨天，他曾路过这里/背着年迈的大娘/踏着路上的荆棘/瞧，那花瓣上晶莹的露珠/就是他洒下的汗滴

在朗读这一节时，抓住"背着"和"踏着"这两个动词，教师要让学生想象雷锋背着大娘，踏着荆棘，沿着崎岖的小路艰难行走的画面，学生似乎看到了他累得满头满脸都是豆大的汗珠……

"哪里需要献出爱心，雷锋叔叔就出现在哪里"，这句诗和前文中的"雷锋叔叔，你在哪里，你在哪里"是相互照应的。我设计了分组对读的活动，让学生一问一答，在问答中体会雷锋精神的伟大，明白诗歌的主题——雷锋精神无处不在。

对于低年级学生来说，朗读是理解课文内容、体会作者情感的最重要也最有效的方式，因此在教学中，应尽可能减少使文本支离破碎的讲解，而是通过朗读的方式让学生明意悟情。

三、情境体验，润养精神

情境是指人物、情节，以及由景物、场景等唤起的人的情绪和内心境界。在教学过程中，教师有目的、有意识地创造一些生动具体的场景，让学生进行角色体验，让学科认知情境和个人生活情境有机融合起来，学生在感受文中人物内心世界的过程中，精神也会得以润养。

二上第六单元《朱德的扁担》讲的是1928年在井冈山根据地，朱德和红军战士为了粉碎敌人的"围剿"，不怕风险路陡，不顾生命安危，到五六十里外的茅坪挑粮上山的故事。在教学这一课时，我先让学生观察课文插图，说说在图上看到了什么，再出示课文中描写朱德的句子——"穿着草鞋，戴着斗笠，挑起粮食，跟大家一块儿爬山。"学生先读图再读文，在图文对照后，我让学生说一说朱德和战士们的相同之处：穿着草鞋，戴着斗笠，挑起粮食。我又问："朱德和战士们除了一块儿爬山，还会一块儿做什么？想象后说一说。"在练习说话的过程中，学生能感受到朱德的平易近人，他和战士们干同样的活，吃同样的苦。

"从井冈山到茅坪，来回有五六十里，山高路陡，非常难走。"这是课文对挑粮路的描述。在学习这一段时，我还播放了井冈山挑粮路的视频，让学生能更直观地感受到山势之高，山路之险，此后，再让学生想象挑粮路上时朱德和战士们会遇到哪些艰难险阻。

通过观察图片、观看视频、想象画面等一系列学习活动，将学生带入了课文中的情境后，我提问："如果你就是文中的红军战士，或者你就是朱德，你愿意走这么远、这么险的山路去挑粮食吗？"学生讨论交流后再品读"可是每次挑粮，大家都争着去"一句，自然能感受到朱德和战士们不畏艰难险阻的精神。

战士们为什么要把朱德挑粮的扁担藏起来呢？我通过这个问题，引导学生阅读下文。这时我又设计了角色体验的环节：如果你就是朱德，挑粮来回走五六十里，山高路陡，又挑着满满两担粮食，到了晚上，你累不累？其他战士们晚上可以休息，你却不能和战士们一块儿休息，你还要察看地形，还要研究作战计划。整夜整夜不休息，你累吗？

通过与朱德"对话"的形式，学生更容易走进朱德的内心世界，也更真切地感受到他与战士们同甘共苦的精神。

总之，在革命传统文化题材的教学中，要带着学生在课文中来来回回多走几趟，如此，学生才能入情入境，教学也才能达到"润心细无声"的效果，从而真正实现"文道统一"。

以儿童的方式拥抱诗歌
——以统编教材四下诗歌单元教学为例

摘要：帮助学生克服现代诗歌阅读的障碍，除去教师教学诗歌的屏障，应该以诗歌的方式教学诗歌，以儿童的方式拥抱诗歌。让学生在朗读中亲近诗歌，读出节奏，读出画面，读出自己；让学生在分享中理解诗歌，探寻作者的创作意图，发现诗歌形式的秘密，品咂诗人情感的意蕴。

关键词：朗读　分享　创作

"诗歌，让我们用美丽的眼睛看世界。"统编教材四年级下册第三单元的导读中有这样一行醒目而明亮的文字。因为诗的缘故，那些常常被我们忽略的美才得以被发现。

诗歌，是美的代名词。现代诗歌与古代诗歌相比，形式上更自由，它将作者的情感以一种优美的形式表达出来，有着浓烈的个人主义色彩。现代诗歌活泼跳跃，天马行空，形式自由灵动，但是这样的特性不仅给学生的阅读理解造成一定的障碍，无形中也为教师的教学设置了屏障。

如何找到一条通往诗歌教学内核的途径？我以为，应该以诗歌的方式教学诗歌，以儿童的方式拥抱诗歌。

儿童是天生的诗人，其天性之浪漫，思维之活跃，想象之独特，表达之跳跃，都有着诗的特质。

本单元是综合性学习单元，编者围绕诗歌主题，安排了一系列学习活动。

教学时，我们要顺应儿童的天性，以儿童喜欢的方式，分步安排学习活动。

一、在朗读中亲近诗歌

（一）读出节奏

"节奏"这个词古已有之。《礼记·乐记》有"文采节奏，声之饰也"。"节奏"作为世间一切事物有规律地运动的现象，不仅存在于音乐中，戏剧、诗歌、朗读、说话……，甚至那些没有声响的事物在运行中也有节奏。

现代诗歌在音乐性方面，不像古典诗词那么鲜明，但现代诗歌依旧是通过节奏表现其音乐美的。

优美的节奏在朗读中的具体表现包含哪些方面呢？节奏必须包含抑扬顿挫：不仅有高低变化，还要有停连、转换的变化；节奏必须包含轻重缓急：不仅有声音的力度，还要有声音的速度，更要有力度、速度的承续、主从、分合与对比；节奏必须包含声音行进、语言流动中的回环往复的特点。这恰是节奏的核心，体现了节奏的质的规定性。节奏犹如群山的绵延起伏，江河的浪涌波翻，没有峰谷的循环、交替，没有前后的序列、呼应，就谈不到节奏。[①]

回环往复既是节奏的核心，又是诗歌的特征。儿童天生喜爱节奏。朗读诗歌，就是沐浴在有节奏的声音里。以本单元的《短诗三首》为例：

繁　星（七一）

这些事——
　　是永不漫灭的回忆：
　　月明的园中，
　　藤萝的叶下，
　　母亲的膝上。

---

① 张颂. 朗读学 [M]. 长沙：湖南教育出版社，1983.

繁　星（一三一）
　　大海啊！
　　　哪一颗星没有光？
　　　哪一朵花没有香？
　　　哪一次我的思潮里
　　　　没有你波涛的清响？

　　繁　星（一五九）
　　母亲啊！
　　　天上的风雨来了，
　　　　鸟儿躲到它的巢里；
　　　心中的风雨来了，
　　　　我只能躲到你的怀里。

　　在这三首短诗中，第一行都是三个字，接下来的四行中，字数的排列也是有规律可循的。第一首诗歌中，最后三行都是五个字的短语，这是回环往复。这三行虽然字数相等，但在相同的节奏里还是要读出细微的差别。最后一行"母亲的膝上"应该读得更加舒缓，仿佛自己正享受着坐在母亲膝上的温柔时刻。第二首诗歌是三个问句，这也是回环往复。这三个问句的节奏是很有特点的，前两句是"43，43"的节奏，最后一句是"35，35"的节奏。这样的节奏变化，犹如大海的波涛起伏。

　　第三首诗歌的后面四行是两个对应的句子，还是回环往复。

　　再以《绿》为例，这首诗歌的第三节如下：

　　刮的风是绿的／下的雨是绿的／流的水是绿的／阳光也是绿的

　　这一节中的四行诗句，同样是回环往复。

　　在朗读诗歌时，如何读出节奏呢？在回环往复处，要读出语势类别、语气色彩和语气分量的相似性，但这种相似又并不是完全相同的。比如，《繁星》的第二首后面的三个问句，前两个问句朗读时节奏是相同的，而第三个问句，因为分为两行，在朗读时就有必要进行节奏的转换，可以由快转慢，以表达"我"的思念之情。

　　不同的诗歌由于诗句的排列各有不同，表达的情感也各不相同，朗读时的节奏自然也是不同的。如《繁星》的节奏属于舒缓型，朗读时，语气要上扬，气长而声清。《绿》的节奏则属于轻快型，词的密度大，朗读时要多轻少重，语气偏于轻快。

　　诗歌的音乐美，除了通过节奏表现，还有韵律，举一个简单的例子。

　　在我的窗前／有一棵白桦／仿佛涂上银霜／披了一身雪花

这是《白桦》的第一节，从理解诗意的角度来看，第三行与第四行应该对调。那为什么要把"披了一身雪花"放在末句呢？通读全诗，你就不难发现，这首诗歌采用四行一节的形式，各节偶句押韵，为了遵循这样的规律，第一节的三、四行才会如此安排。全诗读来音韵回环和谐，如一首欢快的小夜曲。朗读时，对于韵脚的处理可以是重读，也可以适当延长。

诗歌的朗读，要读出诗歌的节奏和韵律，才能体会诗之妙，才能与诗人产生情感的共鸣。

(二) 读出画面

叶圣陶先生说：读诗不仅要睁开眼睛看文字，更要在想象中睁开眼睛看由文字触发而构成的画面。这幅画，不是静止的，而是流动的，正如德国文学评论家 W. 伊塞尔所说：读者是以一种游动的视点在文本之内进行阅读的。在教学诗歌时，我往往会让学生边读边想象："读了这首诗，你仿佛看到了什么？"学生在朗读时，融入想象，就会将凝固的语言符号转化为具体可感的画面。

诗歌是诗人由生活到文字，由"面"到"点"的创作，阅读诗歌，是将"点"还原成"面"。但因为诗歌具有跳跃性的特点，诗人往往在短小精悍的文字中表达出无穷的意蕴，所以在引导学生想象画面时，要循着诗人的创作思路。以本单元的叶赛宁的《白桦》为例：

在我的窗前，	在朦胧的寂静中
有一棵白桦，	玉立着这棵白桦，
仿佛涂上银霜，	在灿灿的金晖里
披了一身雪花。	闪着晶亮的雪花。
毛茸茸的枝头，	白桦四周徜徉着
雪绣的花边潇洒，	姗姗来迟的朝霞，
串串花穗齐绽，	它向白雪皑皑的树枝
洁白的流苏如画。	又抹一层银色的光华。

这首诗歌的首节总写白桦的特点，用"银霜"和"雪花"表现白桦的一身洁白；次节写白桦的枝叶，朗读这一小节时，可以让学生联系自己曾见过的花穗与流苏，想象雪中白桦的形象。前两节写的是白桦的外形美，后面两节则描写了金辉中、朝霞里的白桦的美。教学时，可以让学生先想象白桦的形象，再想象白桦在不同的光照下呈现出的不一样的美。在学生分享了自己想象的画面以后，教师不妨呈现一些白桦的摄影作品。学生们欣赏了作品以后，教师再补充介绍：白桦是俄罗斯的国树，它生性耐寒，又通体银白，气质高雅，所以诗人对白桦的礼赞中更包含着对民族的热爱，对祖国的炽烈情怀！

诗歌的艺术就在于运用最少的文字，营造出最鲜活、最丰富的意蕴与画面。苏霍姆林斯基曾经说过：每一个儿童，都是一个诗人。儿童是富有想象力的群体，总会有许多新鲜、奇异的想法，因而，在教学诗歌时，教师得给予学生充分想象的时间与空间，让学生在诵读中复现画面，真正走进诗歌作品描绘的意境之中。

（三）读出自己

诵读是诗歌教学的最重要的方式，但诗歌的诵读指导应该与学生对于诗歌的理解与感悟紧密相连。学生诵读诗歌宜采用自由读和指名读的方式，不宜采用齐读的方式。教师在指导学生诵读时，不能让学生机械地模仿范读者的"停连""虚实"等技巧，而是要引导学生与诗人对话，联系自己的生活体验，读出自己独特的见解。让学生寻找到最适切的声音形态，以声传情，以达到与诗歌语言、与作者心灵的契合。

如诵读《繁星（七一）》时，教师可以让学生回想自己在母亲膝上的情形，学生带着这份美好的回忆诵读这首诗歌，自然会多了许多情味。在诵读《繁星（一五九）》时，教师可以引导学生想一想，自己曾经历过哪些风雨，躲在母亲的怀里时有怎样的心情。当学生的个人经验、情感世界与诗句发生勾连时，学生才能通过诗歌的语言走向诗人的内心世界，学生与诗人的对话才能真正发生。在这样的对话中，学生才能在诗歌作品中读到自己，他们的内心世界也会逐渐丰盈。

二、在分享中理解诗歌

（一）探寻创作的意图

"知人"是指要对作者有一定的了解，例如，他的身世经历、性格特点、思想情绪、写作动机等。而"论世"指的是要鉴赏一首诗歌，首先必须对作者所处的时代背景有一定的了解。因为上述这些因素常常会在诗歌中打下烙印，会对作品的情感表达和思想内容产生一定的影响。因此，对于诗歌创作背景的讲述是诗歌教学的重要内容之一，但是如果教师只是简单、直接地告诉学生作者生平、诗歌的创作年代和缘由等，往往达不到好的教学效果。在本单元的导读中，有三点教学目标，其中一个目标是这样表述的：根据需要搜集资料，初步学习整理资料的方法。因此，在探寻作者创作意图时，不妨改变传统的"填鸭式"讲授法，引导学生主动探究诗歌的创作背景。在教学时，教师可以采用翻转课堂的方式，提前布置预习任务，让学生通过查阅资料，了解作者的生平以及诗歌的创作背景，并把搜集到的资料进行整理，在课堂上分享给同伴。比如，在教学《短诗三首》时，可以布置这样一项预习作业：为《短诗三首》制作推介名片，可以从作者生平、创作年代、作品风格等方面进行介绍。既然是制作名片，学生就得把搜集到的长篇累牍的资料进行删减提炼，在分享时也就避免了大段大段地朗读未经整理的资料的状况。了解诗歌的创作背景是作为预习作业布置的，学生都需要完成，在分享时，同伴间可以相互补充。学生以自我探究的方式探寻作者的创作意图，也就降低了学生理解诗歌的难度。

（二）发现形式的秘密

语文教学最先研究的是言语，任何一个文本都包括两个层面：言语内容和言语形式。前者指向说了什么，后者指向怎么说；前者显，后者隐。言语形式是容器，承载言语内容，任何言语形式都是为了适合言语内容而存在，诗歌也不例外。

"诗歌语言研究的复杂性在于诗的一切活动都建立在语言这一基础上，诗的任何探究都要从语言那里开始；语言和其他诗歌元素永远处于纠缠不清、无法剥离的关系。"[①] 正因为这样，对现代诗歌的语言分析是诗歌教学的核心所在。歌德说：题材是人人都能看见的，含义只有有心人得之，形式对于大多数人来说还是一个秘密。在这里，我想着重谈一谈诗歌语言形式中藏着的秘密。那么，可以从哪些视角探寻诗歌语言形式中藏着的秘密呢？还是以本单元的诗歌为例进行说明。

繁星（一三一）

大海啊！
哪一颗星没有光？
哪一朵花没有香？
哪一次我的思潮里
没有你波涛的清响？

在这一首诗歌中，后面的三个问句，第一、第二个问句都是一行，第三个问句却分为两行。遇到这种常式中的变式，不妨问一问：这是为什么？诗行的建构往往与诗歌的内涵相关联，是诗人情绪的外化，凝聚着诗人的意图，暗示着诗人情感的强弱与敛放。第三个问句分为两行，其实是作者有意将这种思绪拉长，表达了作者对童年时生活在海边的那段时光的怀想。

诗句中的标点也不容忽视。朱自清先生说：标点能够表明词句的性质，帮助达意的明确和表情的恰当，作用跟文字一样，绝不是附加在文字上，可有可无的玩意儿。

比如《短诗三首》中，第一首诗歌"这些事"后面的破折号，第二首诗歌"大海啊"后面的感叹号，第三首诗歌"母亲啊"后面的感叹号，这些标点符号召唤着读者去想象、去体会，创造了思维驰骋的空间。同样是破折号，《繁星（七一）》中"这些事"后面的破折号与《在天晴了的时候》这一首诗

---

① 陈仲义. 现代诗：语言张力论[M]. 武汉：长江文艺出版社，2012.

歌的结尾处的破折号有何不同？这些标点符号里往往藏着作者表情达意的秘密。教师要引导学生去发现其中的秘密，并分享给学习的同伴。

再比如诗行的排列形式。《短诗三首》的诗句都不是齐头排列的，诗人这是有意而为之吗？诗人为何如此排列诗句呢？《绿》这首诗歌的最后一句，为何不与前面的诗句对齐呢？学习《繁星（一三一）》这一首诗歌，如果将每一行的第一个字竖着连起来，就是"S"形。教师不妨要求学生连一连线，让学生关注诗句排列形式的特别之处，使学生不仅可以感受到因为不同的排列方式产生的诗行流动的意趣，还可以借此了解诗行的排列与诗人想表达的情感之间的关联。比如，这一首诗歌，诗句流动的感觉是与诗中的波涛所契合的。

当然，这些问题决不拥有唯一的答案。优秀的现代诗歌决不会只有一种解读，所谓的"诗无达诂"，即表明每个读者都可以根据自己的人生体验、审美意趣、审美理想对诗篇形成自己的独特感受及独到见解。教师要做的就是组织学生分享——教师和学生的分享，学生之间的分享，师生与诗人之间的分享。教师为学生提供自由表达自己对诗歌理解的机会，这才是诗歌教学最有意义的事。

（三）品咂情感的意蕴

诗歌课上的分享，不是为了得到统一而明确的答案，但分享也不是漫无目的、毫无指向性的。从某种意义上来说，现代诗的教学目的就是要尽可能地读懂诗人要表达的情感。因此，学生在分享时，教师要有意识地引导学生指向诗人的情绪世界。脱离诗人的情绪世界的交流和对话是没有意义的。

本单元的教学目标第一条是：初步了解现代诗的一些特点，体会诗歌表达的情感。《短诗三首》课后习题也有这样一题：朗读第二首诗，体会诗歌表达的情感，和同学交流。这一题正是围绕单元教学目标设置的，让学生品咂诗歌所蕴藉的情感，并把自己的理解与同伴分享。

三、在创作中升华诗歌

（一）以演读演绎诗歌

演读是一系列学习活动的组合，是多种能力的展示。"读"可提高口头表达能力，"演"可提高动作表达能力。将书面语言转化为口头语言、动作语言，这其实也是一种创造。所以，演读是建立在学生将文本熟读、已完成内化的基础上，是学生将文本所描述的情景转化为图画，然而再将这种图画演示出来的过程。在演读之前，让学生讨论交流，为呈现精彩的演读进行充分的准备。比如，学习《在天晴了的时候》，学生可以牵着同学的手，边走边读，感受在小径中漫步的那份悠闲。

以演读的方式演绎诗歌，这实际上是一个由阅读理解到情感体验，再到情景外化的过程，也是发挥学生的想象与表现力，对诗歌进行再创造的过程。

（二）以绘画表现诗歌

张舜民有诗云："诗是有声画，画是有形诗。"诗中有画，画中有诗，因为诗画的创作都有赖于意象的获得。诗歌与绘画虽然是不同的艺术形式，但诗歌中的意象，诗歌所表达的情感，都是可以通过绘画来表现的。

在《绿》这首诗歌中，有许多表示绿色的词语。色彩是视觉因素中最活跃、最有冲击力的因素。在阅读这首诗歌的时候，读者都会感到仿佛深深浅浅的绿就在眼前，满眼都是绿色。黑格尔说：绘画毕竟要通过颜色的运用，才能使丰富的心灵内容获得它真正的生动表现。在《绿》《白桦》《在天晴了的时候》这些诗歌的景物描写中，都有丰富的色彩。诗人艾青擅长画画，因此他的诗歌就具有鲜明的绘画性。在教学诗歌的时候，教师可以让学生用绘画的形式表现自己在阅读诗歌时捕捉到的意象。

为诗歌配画，或者为画配诗歌，都是我在教学诗歌时常用的教学方法，这样的方法深受学生喜爱。绘画是儿童向外界表达自己情绪的一种方式，以绘画表现诗歌，除了可以展示学生对诗歌的理解，还可以提高儿童的想象力与创造力。

（三）以创写滋养诗心

诗歌创写的方式有很多：仿写、续写、改写……不管哪一种方式，都是学生在捕捉意象、构造意境、运用修辞，以诗句的形式表达自己的感觉与情绪。诗歌创写是在学生积累了诗歌写作经验的基础上进行的写作实践。指导学生进行诗歌创写，关键在于教师能在例诗中找到有价值的读写链接点。

《白桦》课后有这样的活动提示：可以试着当个"小诗人"，写写诗，把自己的感受表达出来。写的时候要注意分行。写完后，和同学交流。学习《白桦》这一首诗歌以后，可以引导学生观察一种植物，仿照作者从外到内表现白桦美的表达方式，用诗句的形式赞美这种植物。写好诗歌以后，再朗读给同学听。学习《在天晴了的时候》这一首诗歌以后，教师也可以让学生用诗句的形式写写自己看到的雨后天晴的景象。这样的写作训练不是生硬嵌入，而是无痕渗入学习活动之中的。学生创作诗歌、交流诗歌的过程，是对诗歌的阅读与欣赏，也是学生在与诗人对话。在这样的对话中，诗情在生长着。

这个单元的教学目标的第三点是：合作编小诗集，举办诗歌朗诵会。围绕这个目标，教材编者为学生设计了一系列学习活动。

《短诗三首》的课后安排了这样一项活动：通过阅读报纸、杂志、书籍等方式，收集喜欢的现代诗。准备一个摘抄本，把它们工整地抄写下来，注意写清楚作者和出处。学生在收集现代诗歌的过程中，教师也可以为学生推荐一些诗集。比如，泰戈尔的诗集，泰戈尔对中国的散文诗影响深远。还有冰心的诗集，她是最得泰戈尔思想与艺术精髓的。教师不妨带着学生温习三年级时学过的《花的学校》，让学生通过对比阅读，感受冰心与泰戈尔诗风的相似之处：他们的诗作常常歌咏纯真的儿童。在这样的比较阅读后，学生自然会产生兴趣并涉猎更多泰戈尔的作品。

《绿》的课后有这样一道题：艾青笔下的"绿"给我们留下了很多想象的空间，宗璞笔下的"绿"，又带给你怎样的感受？结合"阅读链接"说一说。除了文中呈现的宗璞的文字，教师还可以推荐学生阅读朱自清先生的

《梅雨潭的绿》。如果是我执教这一课，我还会把自己创作的散文诗《窗外的绿》带进课堂。这样的拓展阅读，是让学生跳出了课本。教师需要做的是精心挑选阅读的材料，让学生看见更为广阔的文学天空。

《白桦》的课后学习活动是这样设计的：诗歌中常常写到一些植物，你知道哪些与植物有关的诗歌？摘抄你最喜欢的一首，和同学交流。这一项活动是综合性的，不仅培养了学生收集资料的能力，而且在交流中也锻炼了学生的口语交际能力。

本单元还安排了"轻叩诗歌大门"的综合性学习：学生合作编小诗集，给作品分类，配上插图，给诗集取名字，制作封面与目录，举办诗歌朗诵会，推选主持人，安排节目顺序。这些活动让学生各方面的能力都得到了锻炼。

这一系列的学习活动，既需要教师分步落实，又需要对本单元的教学内容进行整合。比如，"语文园地"中"日积月累"部分，关于诗歌的名人名言可以安排学生提前学习，这些关于诗歌的精炼阐释会给学生以震撼，也为学生亲近诗歌做好铺垫。

总之，以诗歌的方式教学诗歌，以儿童的方式拥抱诗歌，诗歌才不会在机械的讲读中死去，它们会在学生的心里生出一片诗意的海洋。

教学实录

什么是好课
一节自然而诗意的课
透明的童诗课
诗意融水墨,生命共成长
不着痕迹,点面结合
以讲故事的方式学故事
……

什么是好课
——《交朋友》教学实录及点评

点评：江苏省昆山市玉峰实验学校　高子阳
地点：湖北省武汉光谷第十五小学

教学实录

师：上课。

生：老师好。

师：哇，这个"老师好"拖得好长哦，能不能短一点，"老师好"，这样来试一次，好不好？同学们好。

生：老师好。

师：嗯，比刚才好多了，请坐。今天顾老师要来干什么？你们猜一猜。

生：和我们交朋友。

师：我要来和你们交朋友。顾老师希望你们也能多交几个朋友。刚才有个同学告诉我，他在班里有十几个朋友。有一个同学还告诉我，他在班里有九个朋友。如果你的朋友比十几个还要多，举手。好，手放下。比九个还要少，举手。好，手放下。今天这节课我们争取多交几个朋友，好不好？

生：好。

| 点　评 |

顾老师的课真亲切，谈话间，就把这一课的任务轻松自如地交给了学生，即"交朋友"，这一课的学习就是为了多交几个朋友。

师：我们先来听一首儿歌。（播放儿歌）这一首儿歌你们听过吗？

生：没有。

师：没有啊？那我们一起来听一听，会唱的同学可以跟着一起唱。

（生听歌、唱歌）

师：顾老师今天是来交朋友的。谁愿意和我交朋友呢？哇，都愿意啊！好的，手先放下。我问一问，如果你想和一个人交朋友，你首先需要做什么呢？

生：自我介绍。

师：介绍一下自己。还需要做什么？

生：主动去和他说：我想和你一起玩，可以吗？

师：主动去说：我想和你交朋友，我想和你一起玩。怪不得你的朋友那么多，你一定经常主动说话，对吗？

生：对。

师：哦，我猜对了。

生：交朋友的时候我要帮他做很多事。

师：在交朋友的过程中，我还要帮助我的朋友，对吗？真好。谁做你的朋友肯定很开心。还有谁来说一说，你觉得交朋友还需要做什么。

生：我交朋友的时候，朋友和我都是互相尊重的。

师：对呀，要彼此尊重。还有呢？

生：还有要介绍自己。

师：这点其他同学已经说过了，我们就不重复了。

生：我每一次和别人玩的时候，比如说，玩一些捉迷藏什么的游戏时，都让着别人。

师：要懂得谦让。你们说得真好。刚才想和我交朋友的同学举举手。我请一位同学上来和我聊一聊，看看你怎样交到我这个朋友。先请那个特别会交朋友的男孩，我们看看他怎么样和我交朋友。

| 点　评 |

　　什么是课堂教学效果的有效性？不是老师讲了多少，而是师生对答时学生奉献出了多少智慧。交朋友对于小学生来说并不陌生。听他们的答案，说得多好呀！交朋友"要自我介绍""要主动""要帮助""要互相尊重""要谦让"等，说孩子是天生的交友高手，谁能反对呢？这一切成人很有可能都说不全呢！所以，意大利儿童教育家玛利亚·蒙台梭利认为"儿童是成人之父"是有道理的。

　　生：我想和你一起玩，我想和你交朋友，可以吗？

　　师：可以呀，可是为什么刚才你跟我说话的时候，你的眼睛看着这里，不看着我呢？你看着我再说一遍，好不好？

　　生：我可以跟你交朋友吗？

　　师：可以。

　　生：我叫刘逸轩。

　　师：我叫顾文艳。

　　生：我们一起玩吧。

　　师：玩什么呢？

　　生：玩捉迷藏。

　　师：好呀！我最喜欢玩捉迷藏了。你还会什么小游戏呀？你再教教我吧！

　　生：我再想一想。

　　师：你觉得我这位新朋友会不会聊天？

　　生：挺会。

　　师：挺会聊天的。而且啊，我刚才提示过他，说话的时候要看着我的眼睛，他就一直看着我的眼睛，这一点做得很好，把掌声送给我的新朋友。哪位同学还要做我的朋友？你最靠近我，那你来吧。

| 点　评 |

顾老师之教实在高明，一下子点出了问题，并且快速地改变了学生。朋友之间聊天，不互相注视，是很难成为朋友的。

生：我想跟你交朋友，可以吗？

师：可以呀。

生：我想跟你玩捉迷藏。

师：怎么跟刚才我那个新朋友说的一样呀，有没有其他的内容要和我聊呢？

生：我叫蔡佳彤，我可以跟你玩"石头剪刀布"。

师：哦，你叫蔡佳彤。哪个"蔡"呀？能写给我看看吗？

（生写"蔡"）

师：哇，蔡佳彤，你的字写得也很棒！告诉你吧，我有一个最好最好的朋友，也姓蔡，她也是做老师的，不过她是教数学的。你想跟我玩"石头剪刀布"，那我们现在来玩一次吧。石头剪刀布！第一局，我赢了。再来，石头剪刀布！我又赢了！再来第三次。哎哟，我三次都赢了。好，蔡佳彤，我想问一问，你在班里最好的朋友是谁，你可以告诉我吗？

生：×××，×××……

师：有不少朋友，对不对？

生：还有×××……

师：那有没有你一直想和他交朋友，但还没有成为朋友的人吗？

生：没有。

师：也就是你想和他成为朋友的，都已经是你的朋友了，对吗？那你想不想再多交几个朋友呢？

生：我不想了，因为太多的话，我也照顾不过来。

师：哦，你担心朋友太多照顾不过来，但或许当你遇到困难时，会有更多的朋友来帮助你呢！刚才我结交了两位新朋友。今天我希望你们都能认识更多的新朋友。还记得我和我的第一位新朋友认识的时候，我告诉他，和别人说话的时候要怎么样呀？

生：看着对方的眼睛。

师：你知道为什么要看着对方的眼睛吗？谁能告诉我？

生：要懂礼貌。

师：这样显得很有礼貌。还有呢？为什么要看着对方的眼睛？

生：要不然对方还以为你是在跟别人说话。他不知道你是在跟他说话。

师：对呀，你不看着我的眼睛，你看着旁边，我以为你跟旁边的人说话呢。还有吗？

生：也可以让对方和自己集中注意力。

师：对呀，你看着对方的眼睛的时候，表示你此时此刻是很专注的。

生：不看着对方的眼睛，他就会以为你和旁边的小朋友在玩，不跟他玩了。

师：嗯，你跟别人的意见又一样了。我们要学会表达自己的想法，说自己的话。

生：如果你的眼睛不看着对方的眼睛的话，就是对对方不尊重，对方就不想跟你交朋友了。

师：说得太好了。你的眼睛都不朝我看，你完全不尊重我嘛，那我不想和你交朋友。所以今天我们在交朋友的时候一定要记住哦，说话时看着对方的眼睛。现在，我想请你们走到一位同学面前，练习说一说。这个同学呢，最好以前和你不是很熟。虽然你们在同一个班级里面，但还没有成为好朋友。你先自我介绍一下，说我是×××，然后你再告诉他，自己喜欢做什么，最后你再问问他喜欢做什么。好不好？现在开始。还有人没有动起来，你们俩就可以呀。我看还有谁没有动起来，可以走出来，下座位去找朋友。

（生交流）

师：好，刚才呀，我们交过新朋友了，想和你的新朋友一起到前面展示一下的请举手。你们找的新朋友在哪儿？邀请他，带上话筒去邀请他。

（一对生上台）

师：我们来看看这两个新朋友是怎么样相互熟悉、相互了解的。要特别注意一下，看他们说话的时候有没有——

生：看着对方的眼睛。

师：你们要注意观察。

生：你好，我是王天宇。我喜欢打篮球，你呢？

生：你好，我叫金煜淳。我也很喜欢打篮球。

师：大家想一想，他们俩既然都很喜欢打篮球，下面是一定还可以接着聊下去的。聊什么呢？

生：他们可以聊一起去打篮球。

师：还可以聊什么？

生：还可以聊他们各自喜欢什么颜色。

师：哦，比如篮球队的队服都有什么颜色的，自己特别喜欢哪一支篮球队，对不对？嗯，可以的，还可以聊什么呢？

生：约一场篮球赛。

师：你们看，他们的建议都挺好的。现在把话筒交给你们，继续来聊一聊关于篮球的话题，好吗？

生：我喜欢蓝色和绿色。你喜欢什么颜色呢？

生：我喜欢红色，还有蓝色。

师：你们刚才说的是球队队服的颜色还是生活中喜欢的颜色？

生：生活中的。

师：那关于篮球，还有什么要继续聊的吗？

生：我们下午一起去篮球场打篮球，好不好？

生：好。将来我们组织一场篮球比赛吧？

生：好。

师：我们给他们鼓鼓掌。大家来评价一下这两位爱好篮球的同学，他们表现得怎么样？

生：我觉得他们声音很洪亮，说话也很流畅。

师：她在表扬他们声音响亮，说话流畅。你觉得他们的对话怎么样呢？评价一下。

生：他们都用眼睛看着眼睛的。

师：都是看着对方眼睛的，对吧？这一点做得很好。还有吗？

生：金煜淳交王天宇这个朋友的时候，金煜淳笑着，王天宇哭着脸。

师：刚才有一个很好的提示。她说你哭着脸，你没有哭着脸，但是你板着脸，你都不笑的。你喜欢跟一个板着脸的人交朋友还是喜欢跟一个微笑的人交朋友？

生：微笑的人。

师：下次你也多一点微笑，好不好？

（生点头）

师：那你们觉得他们以后会成为真正的好朋友吗？

生：会

师：会吗？

生：会。

生：会。

师：那以后你们真的要约篮球比赛，好不好？

生：好。

生：好。

| 点　评 |

《义务教育语文课程标准（2022年版）》强调教学评一体。教学评一体有多种表现形式，顾老师引导学生活动起来，这是顾老师的"教"，学生真的参与到活动中来了，一起说着、做着，这就是学生的"学"。教与学一结束，评价马上来了。每个学生都是评价高手，心中都有标准，所以他们发现了问题：有一个人在交友的过程中没有微笑。这一评价非常到位，效果肯定会立即呈现。在课堂上，有的时候把评价权交给学生，他们一定会给课堂带来精彩。

师：我们掌声欢送两位同学。他们先介绍了自己的名字，又告诉了对方自己喜欢什么，再问一问对方喜欢什么。正好他们都喜欢打篮球，所以他们又有了很多话题，对不对？好，那我们再来换一种方式交朋友。你在这个班里面还有没有想交的朋友，只是因为他有某一个特点。比如，刚才那个同学举手，他说他想交的朋友在讲话的时候要一直是微笑着的。可能班里还有一个同学特别爱看书，那我想和他交朋友，因为我想听他讲一讲书中的故事。先想一想，你特别想和谁交朋友，因为什么。好，我看你举起手又放下了。

生：我想和周豪轩交朋友，因为他喜欢打篮球，我也喜欢打篮球。

师：那我们班爱打篮球的同学可以组成一支篮球队了，对不对？还有谁，你接着说，你想和谁交朋友，为什么？

生：我想和潘果儿交朋友，因为她学习很好，我想跟她一起学习。

师：共同进步，对不对？我有个问题想问你，课前你告诉我，你好紧张，你现在还紧张吗？

生：不紧张了。

师：还有谁？你想和谁交朋友？为什么？

生：我想和韩思琪交朋友，因为她总是笑得挺可爱的。

师：你指给我看一看那个总是笑很可爱的朋友。哦，是很可爱。还有吗？你除了想和她交朋友，你还能多说几个吗？我还想和——

生：我还想和周诺琪交朋友。因为我们总是一起练一些比较高难度的动作。

师：练什么高难度动作呀？

（生示范）

师：哦，你们都是舞蹈队的。（生点头）

师：的确是高难度的动作。你想和两位同学交朋友，对吗？好，现在，有没有人想和超过两位以上的同学交朋友。你要连着说我想和谁交朋友，因为他怎么样；我想和谁交朋友，因为他怎么样；我还想和谁交朋友，因为他怎么样。这个"还"用在最后一位同学那儿。前面都是"我想……我想"，到最后一位同学时说"我还想"。谁来说？好，这个男孩，你上课还没发过言呢。

生：我想和王博雅交朋友。

师：下一次我们发言的同学，说到谁，那个同学就站起来一下，让顾老师也认识一下，好吗？

生：因为她喜欢画画，我也喜欢画画。我还想——

师：两个以上，前面都说"我想……我想"，最后一个才说"我还想"。

生：我想和郝右铭交朋友，因为我虽然——

师：等一下。提到的人要站起来呀。

生：因为郝右铭更会打篮球，可我打篮球不那么厉害，我想让他做我的老师。

师：哦，不仅是朋友，还是教练。提一个小小的建议，说话的时候，语速稍微快一点，不要拖那么慢，好不好？现在说最后一个，我还想——说得稍微快一点，不要拖。

生：我还想和王若夕做朋友，我觉得王若夕总是笑容满目的。

师：笑容满面的。

生：感觉非常可爱。

师：嗯，好，掌声送给他。你看，他在说想和三位同学交朋友的时候，说出了他们不同的特点。一个呢，喜欢画画，自己也喜欢画画，可以一起画画。一个是篮球高手，自己篮球打得不那么厉害，新朋友可以做教练。还有一个总是爱笑的、可爱的小女孩。你看说得多好呀。

师：还有谁，你也想说一说？介绍最后一位同学的时候，你说"还想"，前面都说"我想……我想……我想"，你说几个都可以，不管你说几个，你要尽量地说得流畅一点。还有，他提到哪个同学呢，那个同学就要主动站起来，让我们大家认识一下，好吗？嗯，这个小姑娘，我想请你说，你还没发言呢。拿着话筒。

生：我想跟蔡佳彤交朋友，因为她很可爱；我想跟施佳莹交朋友，因为她很搞笑；我还想跟王博雅交朋友，因为王博雅爱画画，我也喜欢画画。

师：我有一个小小的问题，你说那个小姑娘很搞笑，你可以给我们介绍一下她怎么个搞笑法吗？

生：她经常讲很搞笑的笑话。

师：把你们给逗乐了，对不对？你看，一个人如果会讲笑话，他总能给身边的人带来欢笑的话，大家肯定都愿意跟他交朋友。

生：我想和符亦辰交朋友，因为符亦辰是我打篮球的好友。

师：好搭档，对吗？

生：对。我想和吴子轩交朋友，因为吴子轩成绩很好，他的分数从来没下过90分。我还想和吴雨晨交朋友，吴雨晨教我很多高级动作，她就是我的师傅。

师：哦，她就是你的师傅，对不对？那你喊她一声。

生：师傅。

师：你看，他有他的球友，有他的榜样，有他的师傅。他想交的朋友可多了。再来一个更难的。能不能把我们刚才两次的说话内容结合起来？先说，你好，我叫什么，然后说因为我怎么样，所以我想和你交朋友，最后再说，我喜欢什么，你呢？还可以问对方家住在哪儿，最近看的一本书是什么，最喜欢的动画片是什么，幼儿园是在哪里上的，平时周末有哪些活动……反正什么问题都可以问，因为朋友之间嘛，就要互相了解，对不对？

生：对。

师：我想问一问，有谁，这节课，顾老师还没有喊到你发言，你高高地举起手。哦，我还没喊到你，请你过来，你想和谁交朋友？

生：我想和蔡佳彤交朋友。

师：哎哟，又是她呀。你们靠得这么近，有没有座位远一点，你还想和他交朋友的？

生：我想和吴子轩交朋友。

师：来吧，人家想和你交朋友，到前面来。你们能按照刚才顾老师给你们的一些提示来说一说吗？比如，先介绍一下自己，然后再说一说你有什么特点，接着再聊一些话题，增进对彼此的了解。可以吗？

生：可以。

师：刚才其实有几位同学已经提示过了。跟别人说话的时候，不仅要眼睛看着对方，还要——微笑。

生：微笑。

师：从上来他就一直微微笑着，你也对着他笑一笑，好吧？笑着说话。好的，其他同学认真地听，看看他们聊得怎么样。还要认真地观察，看看他们是不是微笑地看着彼此，好不好？

生：你好，我叫颜雨辰，我想和你交朋友，可以吗？

师：你前面还要说一说，你为什么要和他交朋友。

生：因为你是我同桌，所以我想和你交朋友。

师：他是你同桌吗？你坐在这儿，他坐在那儿。

生：在楼上的教室里，我和她是同桌。

师：在教室里你们是同桌，但是还没成为朋友，今天到这儿来交个朋友。好，可以。她要和你交朋友，你答不答应？

生：可以。

生：我喜欢跳舞，你呢？

生：我喜欢踢足球。

生：我家住在万科魅力之城，你呢？

生：我家住在金地。

生：我最近看的一本书是《地板书》。

生：我最近看的一本书是《小王子》。

师：还有没有想继续聊的？

生：没有了。

师：没有了？反正你们俩是同桌，以后还可以多聊聊，好不好？那新朋友握个手吧！好的，谢谢两位新朋友。

师：现在，我想再请一位同学。我的要求有点高。你不仅要说老师提示的这些话题，比如，你最近在看什么书啊，你家住在哪里啊，你还要自己找一些话题来聊。觉得自己可以找到话题的，举手。好，这个离我最远的同学，请过来。你找一位想和他成为朋友的同学。注意哦，你要自己找话题聊，不要总是按照我说的去聊，好吧？你们俩谁说话，谁拿话筒，我就在旁边看，我不提示，什么都不提示，好吗？

生：你好，我叫吴雨晨，今年快 8 岁了。我家住在西海岸南区。咱班的张浩跟我家住得很近，在西海岸北区。我们班张老师跟我住一个小区，在 23 栋 B。我喜欢画画。最近有一个电视节目我蛮喜欢看的，叫《魔法天女》。你呢？

生：你好，我叫严耀泽，我家住在君闲雅居 6 楼 4 号房。我最喜欢玩一种特殊的牌。

生：最近我在网上看到一种车，可以按一下上面的一个标志，车就能自动到天上飞，我很感兴趣。

生：它有多大？

生：这么大。（手比画）

生：那它飞上天后速度能有多快呀？

（生做动作）

生：一秒？

生：再给你说个好玩的事。我上一年级的时候，有一次下大雨。大雨停后我和妈妈赶公交车，看见两道彩虹。一道彩虹的颜色是红、橙、黄、绿，另一道彩虹的颜色是青、蓝、紫。

生：两道彩虹应该在一起，变成一道彩虹才对吧。天上没有出现两道彩虹的时候。

生：我也觉得很奇葩。对了，我喜欢小蛇，我哥哥家养了几条。不过它们不咬人。

生：我家养了两只小乌龟。

生：我之前听说有一只狐狸把乌龟扔到天上，然后乌龟掉下来。乌龟的壳本来是没有图案的，结果给摔出图案来了。

生：乌龟壳的图案是摔出来的？

生：嗯，我听说的。

生：别人说的可能是假的。我家的乌龟，一只大，一只小。

生：我哥哥家养的小蛇，一只雄的，一只雌的，也一大一小。

师：他们真的有聊不完的话题。大家来回忆一下，我们这位特别能聊的小姑娘都聊了哪些话题。我发现都是她主动发起话题。这位同学是被动的。提示一下，身体稍微隔一点距离，比如，像我这样，两人贴得那么近，就看不到对方的眼睛了。她都聊了哪些话题？看谁听得认真。

生：她住在什么地方。

师：哦，家住在哪儿。还把这个小区里老师同学的家在哪儿都说了一遍。

生：他们还说了他们养了什么宠物。

师：对。她说蛇，他就说了乌龟。又从养的宠物说到乌龟的壳的裂纹是摔出来的。

生：他们还聊了他们最喜欢什么。

师：嗯。还聊了什么？

生：他们还聊了自己最喜欢看的动画片。

师：还有什么？

生：吴雨晨还说她上学期看到两道彩虹。

师：对，我也没看到过两道彩虹。彩虹中间好像是隔开来的，所以她就认为是两道彩虹，其实是一道，对不对？好，还聊了什么？

生：我听吴雨晨说有一种车，按一下什么东西，一秒钟飞上天。

师：对，还有一辆会飞的车。反正吴雨晨真的很会聊。让我们把掌声送给他们。我觉得吴雨晨是我们本节课上最会聊的同学。掌声要不要热烈一点？另一位也是一位最会回应的同学，都能跟得上。谢谢两位同学。

师：现在，我们再来听一听这首儿歌。在听儿歌的同时，你找一找想和他成为朋友的那位同学，然后你想怎么聊都可以，好吧？自己去找朋友吧。

（生交流）

师：现在我们先回到座位上，没有聊完的下课后还可以继续聊。我发现有好多同学有聊不完的话题。现在我想来问一问，通过这一课，你学到了什么？

生：怎样交朋友。

师：你说得有点空啊，说得具体一点。

生：我们怎么交朋友。

师：那可以怎样交朋友？

生：可以问别人喜欢什么。

师：对呀，问别人的一些爱好。还学到了什么？

生：我知道了聊天的时候别人都要看着你的眼睛，你也要看着人家的眼睛。

师：对呀，要看着彼此的眼睛，就像我现在看着你，你看着我一样，对不对？你发现我的眼睛里有你，能找到吗？你的眼睛里也有我。

生：能。

师：好的。顾老师下面要布置一个任务给你们。我请一位同学来读一读，这个任务是什么。

生：课后作业：找一位邻居小朋友，与他交朋友。

师：你的邻居当中，说不定有的小朋友也和你一样，和你差不多大，说不定也和你有相同的兴趣爱好呢。你主动地交一位新朋友，好不好？

生：好。

师：好的，这一节课就上到这儿了。下课。

总　评

什么是一节好课？好课的标准非常多，但有一条非常直观的标准，那就是一节课结束，哪句话、哪件事能让人几天、几个月、几年甚至一生都难以忘记。

我看顾老师的这一课，第一个让人难忘的是：交朋友，与朋友说话，要看着对方的眼睛。顾老师在这个环节上花了很长时间，可以说反复强调。对于一年级的学生来说，为什么这一条是非常重要的？读教材，大家知道，《交朋友》是统编教材第二次口语交际课，也是统编教材第一个阅读单元中的"口语交际"。全体学生的参与才是《交朋友》一课的教学目标。而教材编写者也专门提示"说话的时候，看着对方的眼睛"。听顾老师的课，当看到顾老师与那个不看着老师眼睛的学生对话时，是不是觉得顾老师找得真准——一下子就通过这个环节进入了本课口语交际的训练重点？如果你没有这样的想法，那肯定是不了解7岁以前学生的行为特点。0—7岁的孩子，如果大人不反复强调，他们与成人或者小朋友对话时，很难做到看着对方的眼睛。这是孩子的特点，不是缺点。优秀的父母在教育孩子时都会在与人交流方面早早提醒孩子，但因为绝大多数父母没有观察到孩子的这一特点，所以在小学一年级的这一训练就是相当重要了。

我看顾老师的课，第二个让人难忘的，就是说话要"微笑"。孩子出生后，第一次无意识的笑会让父母激动多日，接下来父母通常会想办法引孩子笑。不知道什么原因，学生才读小学一年级，不少人不笑了，不会笑了，笑得少了。连交个好朋友都没有笑容。这节口语交际课中的"微笑"是挺难预设的，因为如果两人都笑了，接下来的"微笑"就很难成为重点，或者难点。这节课的独特之处，就是学生发现了一位台上的同学没有微笑。所以，一节好课，学生的发现是极其重要的，是可以把师生共同带到最幸福的台阶上，一起仰望星空的。

我看顾老师的课，第三个让人难忘的，就是在老师的引领下学生的表现精彩不断。全体学生的参与才是《交朋友》一课的教学目标。因为学生是千差万别的，当他们被全部调动起来之后，课堂上肯定会出现无法预见的精彩。看这一节课，学生交友的标准在不断地提高。我为什么要与他交朋友？因为他喜欢看书！我为什么要与他交朋友？因为他特别会聊，海阔天空，无所不知，那个彩虹都能被她分成两个部分。何为创意？这难道不是吗？

很多一线语文教师说口语交际课难上，说一年级的口语交际课更难上。听顾老师的课，你肯定会被顾老师的教学艺术所染。通过亲切的交谈，与每位学生成为朋友，让学生学到知识，不就可以了吗？

一节自然而诗意的课
——《彩色的梦》教学实录及点评

点评：江苏省无锡市育红小学　周晓霞
地点：深圳大学

课前活动

你们喜欢画画吗？

学生展示自己的画。

学生交流、描述自己的画。

---------- **教学实录** ----------

一、导入新课，揭示课题

师：我们今天要学的这篇课文是《彩色的梦》，"彩"和"梦"是生字，看看顾老师是怎么写好的。彩字最难写的是右边的三撇，上下对齐，两短一长。梦字夕的撇要短，这样写才又精神又好看。现在大家在书上写一写，看看谁写得最好看。

（生写，师巡视指导。师展示评价，指导修正。生自我检查、修正后再次

检查刚才展示的同学的字,对比第二次的书写是否有进步)

二、认读生字,理解生词

师:刚才有几个生字小精灵跑过来找我了,它们和自己的朋友走散了,你们愿意帮帮它们吗?

(抽生读。区分、记忆"坪"和"苹",生带读"草坪""苹果"。区分、记忆"囱"和"葱",生带读"烟囱""葱郁")

师:葱郁是什么意思?

生:茂盛的样子。

师:你见过小葱吗?小葱是什么颜色的?再想一想,葱郁是什么意思?

生:葱郁就是绿绿的、长得很茂盛的样子。

师:(出示"苹果般的")在课文中指的是什么?(太阳)轻快地读"苹果般的太阳"。

师:你可以说出"什么般的"月亮吗?

生:香蕉般的月亮。

师:给她掌声,还有吗?

生:小船般的月亮。

师:这是弯月亮。

生:盘子般的月亮。

师:这是圆月亮。什么般的星星呢?

生:杨桃般的星星。

师:还有吗?

生:眼睛般的星星。

师:你可以用"什么般的"说一句话吗?这可不容易呢!

生:房子的烟囱上结了一个苹果般的太阳。

师:这是课文当中的。能不能自己说一句呢?

生:夜晚,空中挂着一个香蕉般的月亮。

师:很好,谁再来说说?

生：夜晚，天空中挂着钻石般的星星。

师：布满了，因为很多，再说说。

生：夜晚，天空中布满了钻石般的星星。

师：谁能不说太阳、不说星星？

生：春天来了，草地上长出了绿毯一样的草坪。

师：长出草坪语句上是不通的，长出的是什么？

生：小草。

师：那可以说……

生：春天来了，小草生长着，绿毯般的草坪真好看。

师：还有词语，咱们认一认。

生：叮咛。

师：你发现了什么？

生：都是后鼻音。

师：一起来读一读。

生：叮咛。

师：看一看，这两个字都是口字旁，"叮咛"可能是什么意思呢？

生：不停地说。

师：你在家有没有谁叮咛过你呢？

生：妈妈说我写字太重了。

师：那你能用"叮咛"说一句话吗？

生：妈妈总是叮咛我写字要轻一点。

师：还有吗？

生：妈妈总是叮咛我要认真听课。

生：妈妈总是叮咛我要多喝水。

生：爸爸总是叮咛我上课时要积极发言。

师：我们再来读一读这些词语。

三、学习课文，想象画面

（一）学习第一节

师：顾老师请四位同学来读一读，其他同学思考：是谁创造了彩色的梦？（生分小节读，师正音）

师：谁能回答刚才的问题呢？

生：彩色铅笔创造了彩色的梦。

师：是谁创造的啊？一起读。

生：彩色铅笔。

师：彩色铅笔在哪里？

生：铅笔盒里。

师：一起读。

生：铅笔盒。

师：放铅笔的盒子叫铅笔盒，放鞋的盒子呢？

生：鞋盒。

师：放粉笔的盒子呢？

生：粉笔盒。

师：好，咱们再读一读。

生：铅笔盒。

师：这些彩色铅笔在铅笔盒里干什么呢？

生：聊天。

师：你来读。

生：聊天。

师：怎样记住"聊"这个字？

生：柳树的柳，木字旁换成耳字旁。

师：为什么聊天的聊是耳字旁呢？

生：因为要用耳朵听。

师：是的，和别人聊天一定要认真听。读一读。

生：聊天。

师：现在，顾老师读读第一小节，你认真听，听听铅笔们在聊什么。听到的同学举手。（师读）

生：它们在聊下次画什么。

师：还有吗？

生：它们在聊今天要画什么，怎么画？

师：还有吗？

生：在商量怎么把画画得好看。

师：为什么要用"跳蹦"而不用"蹦跳"呢？

生：说得更顺。

师：为什么这样就更顺？注意关注这一小节每句话的最后一个字。

生：最后一个字要押韵。

师：说得真好，"梦"和"蹦"的韵母是一样的。你能不能读读这一小节呢？

（生读）

师：我们一起走进课本，读读第一小节。

（生齐读）

师：不要拖，读得轻快一点会更好听。再来一遍。

（生齐读）

师：这次真的好听多了。彩色铅笔究竟画的是什么呢？课文哪几个小节写到了？

生：第二小节。

师：还有吗？

生：还有第三小节和第四小节。

师：请说完整。

生：第二、三、四小节写了彩色铅笔画的是什么。

（二）学习第二到第四节

师：现在同学们自己读读课文的第二、三、四小节，找出自己最喜欢的一个小节，看看画了什么。

（生自由读）

师：现在就请大家分享一下吧。

生：我最喜欢第四小节。

师：那你读一读，好吗？

（生读）

师：你读到"流动"的时候声音就轻下来了，为什么？

生：感觉要轻一点。

师：我们闻到了什么？

生：水果香。

师：听到了什么？

生：季节风。

师：还有溪水的流动，对吧？一起读一读。

（生齐读）

师：还有吗？

生：我喜欢第二小节。

师：读一读。

（生读）

师：为什么读透明的"透"时拖音这么长呢？看一看，"透""明"之间有一个长长的横线，知道这叫什么符号吗？

生：拖音的符号。

师：你说出了作用，不过它的名字不叫"拖音的符号"。看顾老师写一写，一起读。

生：破折号。

师：对。破折号的作用很多，在这里表示声音的拖长。谁再来读一读？

（生读）

师：读得太好听了，给她掌声。脚尖滑过的"滑"让你感受到什么？

生：轻。

师：还有很快，对吧？草坪绿了，花朵红了，天空蓝了。那彩色铅笔还会滑过什么？

生：森林。

师：它滑过森林之后森林有什么变化？你能像课本上这样说说吗？大片的森林……

生：大片的森林绿了。

师：它还会滑过哪里呢？

生：它还会滑过雪山，大片的雪山白了。

师：它还会滑过哪里呢？试着模仿课文说一说，同桌先商量一下。

（同桌商量后，师指名回答）

生：脚尖滑过的地方，苹果般的太阳更红了，流动的小溪里，鱼儿在快活地游动。

师：流动的小溪更绿了，还可以接着说吗？

生：小屋的屋顶红了。

师：红得怎么样呢？

生：红得像火。

师：还有谁再来试一试？

生：脚尖滑过的地方，长长的小溪蓝了，大大的太阳红了，大片的草地绿了。

师：绿得怎么样呢？

生：绿得葱郁。

师：还可以绿得怎么样呢？绿得发亮，连起来说一说。

生：大片的草地绿了，绿得发亮。

师：有没有喜欢第三小节的？请读一读。

（生读）

师：你看了什么呢？

生：看到了雪松们拉着手，听到了小鸟的歌声。

师：请你把雪松和小鸟的图片贴到黑板上。你还看到了什么呢？

生：太阳。

师：请你把太阳的图片贴上去。其他同学看看，他们拼贴出来的图案和你们想的一样吗？

（生贴完）

师：觉得一样的举手。不一样的也举手。哪儿不一样？

生：房子旁的雪松应该和小鸟在一块儿。

师：理由呢？

生：课文中说雪松们拉着手。

师：对，你去调整一下。

师：它们拉着手就成了森林。森林这个词有几个木？

生：五个。

师：这么多木就成了森林。这些词该贴在哪里？

（生贴）

师：一起读一读这些词语。

生：森林、拉着手、烟囱。

（师引读第四节"闻到了，感受到，听到了，看到了……"，生接着读）

四、模仿课文，创作小诗

师：刚才我们把作者写的诗变成了画，我们也可以把自己画的画写成诗呀。把你们的画拿出来，为它写首诗吧！

（生写）

生：《快乐山谷》——山峰们拉着手，一个挨着一个。山上的瀑布，晶莹透亮。山顶的大树，一棵挨着一棵，成了茂密的森林。

生：《春天的梦》——在碧绿的池塘，小蝌蚪寻找着妈妈。在湛蓝的天空，有可爱的小鸟飞翔。

五、拓展阅读，推荐诗集

师：谢谢小诗人带来的诗。《彩色的梦》的作者是诗人高洪波，他有一本诗集叫《我喜欢你狐狸》，大家可以找来读一读哦！

点 评

一节自然而诗意的课

认识顾老师的人都能从她身上感受到一种自然的诗性。她不仅自己爱读诗写诗，还特别擅长教学生读诗写诗。她的诗性是由心底生发出来的，她教学生写诗的课堂也是极其自然的。她上课，就是那样不疾不徐：学生愿意听她的娓娓道来，她更愿意耐心地等学生蓬蓬勃勃。

二年级的学生，已经具备了一定的识字能力，本篇课文既是"旧时友"又是"初相识"。"旧时友"是说孩子天生的诗人特质，"初相识"是对于本首诗内容的感知。顾老师本课的目标定位非常明确：指导两个字的书写，重点指向"诗"的读和写。且看她是如何带着学生们自由出入《彩色的梦》的。

一、以境引人

读题写题即完成了"彩"和"梦"的书写指导。顾老师在书法上的造诣使得她的书写指导直奔要领："彩字最难写的是右边的三撇，上下对齐，两短一长；梦字夕的撇要短。"这对于有了一定铅笔书写基础的学生来说，这种指导准确到位而干净利落。重点在"好看"的评价方式上：有大环境的和别人比，"看看谁写得最好看"；有每个学生自我环境（纸上）的自比，"对比第二次的书写是否有进步"。如此细致的安排，是顾老师写字教学中对学生习惯养成的常规训练。进入语境的学习是高效的，写字如此，识字如此，表达亦如此。识字强化两组的比照："坪"和"苹"、"卤"和"葱"，并借着"葱"聊到了词，再聊到了句子。句子是需要从环境中"长"出来的，"教师应利用无时不有、无处不在的语文学习资源与实践机会"。顾老师顺应诗中的"太阳"自然进入天空这一情境：太阳—月亮—星星，调动了学生的生活经验，激发想象，帮助学生完成了"……般的……"句式的运用。随后引导学生离开"天空",落到"地面",描述起了春天。而"叮咛"的运用则被顾老师放置到这个词语运用率最高的家中,学生们脑中自然泛起了太多太多父母的叮咛。整个过程中,顾老师对于学生们的不当用词及时而到位的点拨让人仿佛看到了贾志敏老师的课堂,虽然还未及贾老师那般炉火纯青,但整个教学目标可谓得其真传!

二、以情"聊"人

高洪波是著名的儿童文学作家,他的儿童诗历来以巧妙构思见长。《彩色的梦》是诗,是一首童诗,更像一首童话诗。顾老师领着一大群学生在诗中"聊天",就这样"说一说""听一听""读一读",再"说一说",彩色铅笔画完了"二、三、四"小节,师生也就聊完了"二、三、四"小节。他们不着痕迹地聊到了字,聊到了词,聊到了象征,聊到了比喻,聊到了押韵,聊到了节奏……比如,由直觉的"拖音",到遇到标点时刻意的停留、思考和关注,到自命名"拖音的符号",到了解规范的"破折号",到再回到文中对标点作用的体会与感悟,最后在诵读中学生感受到了"天之蓝,脚(笔)尖滑"的那种"欲辩已忘言"的诗情。诗意的画面就被如此诗情地"聊"出来了:"感受到,听到了,看到了……",也自然地将每个学生"聊"成了诗人。

三、以诗化人

师生聊出了诗的色彩、诗的节奏、诗的画面、诗的韵律,自然地在每个学生心中生出了诗的旋律。他们让自己的心灵在纸上自由地"滑行":进入《快乐的山谷》,做一场《春天的梦》……顾老师对于诗歌的赏析能力决定了她对文本的解读高度,加之自然而诗情的课程设计,让学生们通过对意象的感知、画面的联想,感受到了儿童诗特有的魅力,获取了个性化的审美体验。他们自然地进入了诗歌的创作,体验到了文学创作的乐趣,这是一个诗化的学习过程。

教师诗意地教,学生诗意地学,诗性点燃诗性,这是一节自然而诗意的课。

透明的童诗课
——《问号里的诗》教学实录及点评

点评：著名儿童文学作家 阅读推广专家　边存金
地点：江苏省苏州吴江长安实验小学

--- **教学实录** ---

一、谈话导入

师：这么晚了，还要来报告厅上一节课，是什么心情？一定要说真话哟！

生：很兴奋，能被很多老师看着，还是现场直播，我感到很骄傲。

生：我很高兴，因为能多学一些知识。

师：今天，顾老师在校园里走了走，我发现，其他地方的银杏树的叶子早就落了，为什么你们学校的银杏树的叶子没有落呢？你也像顾老师这样，脑子里常常会冒出一些奇奇怪怪的问题吗？请说一说你的"怪"问题吧。

生：为什么夏天最热？

生：为什么雪是凉的？

生：宇宙到底有多大？

生：西瓜为什么是圆的？

师：有个小小孩，和你们一样，总是爱问问题。他问——（PPT出示）

生：为什么会下雨？

师：他问——

生：是谁牵着太阳走？

师：他问——

生：我为什么看不见自己睡着时候的样子。

师：这个小小孩就是顾老师的孩子。（PPT出示儿子小时候的照片）这个小小孩心里装着十万个为什么，他带着这些小问号不断地学习，不断地长大，如今，他已经是北京大学一名二年级的学生了。（PPT出示儿子演讲时的照片）你们相信吗？这一个个问题是可以变成诗的。今天，我们一起到问号里去找找诗。

二、赏读《疑问集》

师：（PPT出示第一幅图）你们看到了什么？

生：我看到了房子、蓝天、云、草、路、烟……

师：看着烟和云，你能提出什么问题？

生：妈妈做饭时为什么会有烟？

生：烟为什么总是往上飘而不是往下落？

师："烟，你为什么总是往上走？"请你把这句话写到黑板上，别忘了写上自己的名字。

生：天为什么一半是深蓝色，一半是淡蓝色？

生：为什么烟和云都是白色的？

生：云朵为什么只在天空中飘？烟为什么可以往上飘？

师：你想问的是"云为什么平移，烟却可以上升"，请把这一句也写到黑板上。

师：有一个诗人曾经这样问问题，和我们可不一样——（PPT出示：烟会和云交谈吗？）（师指名读）

师：（PPT出示第二幅图：蓝天、大树与草坪）请看看这幅图，你能提出什么问题？

生：为什么大树看起来是高的，云却是矮的？

师："为什么树是高的，云却是矮的？"请你把这一句写到黑板上去。

生：大树为什么是绿色的？

生：草地为什么也是绿色的？

师：大树的叶子会不会是被草地染绿的？

生：为什么树没有朋友呢？

生：为什么天和地不会合在一起？

师：请把这一句写到黑板上去！天和地不会合在一起，是不是因为有大树撑着呢？

生：天、地和草会成为朋友吗？

师：我发现，大家的问题越来越诗意了！（板书：语言简洁——诗的味道）

师：（PPT出示：为了和天空交谈，树木向大地学习了什么？）读一读这句话，你的问题和诗人的问题很像哦！

师：我曾梦见过自己能听懂世间万物的语言，你曾经做过哪些梦呢？

生：梦见自己变成天使，和云朵游戏。

生：我梦到自己和小鸟玩。

生：我梦见自己变成一只小鸟，在云彩中躲猫猫。

师：我发现你做梦的时候都会飞，当梦醒来的时候，你有什么想问的呢？

生：为什么梦没有变成现实？

生：为什么从梦中醒来，一切都消失了？

师：（PPT出示：梦中事物到哪儿去啦？转入别人的梦境中了吗？）（师指名读）

师：我梦里的一切到了你的梦里，你梦里的一切到了他的梦里，梦是旅行去了吗？

师：自由轻声读读这些诗句。（PPT出示诗歌内容）

今天的太阳和昨日的一样吗？

海的中央在哪里？

为什么浪花从不去那儿？

如果蝴蝶会变身术

它会变成飞鱼吗?

为什么我没有神秘的身世?
为什么在成长过程我孤独无伴?

当我睡觉或生病时
谁来替我生活?

幼年的我哪儿去啦,
仍在我体内还是消失了?

师:这些问题,都在这本《疑问集》中出现过。诗人巴勃罗·聂鲁达提出了 316 个问题,这些关于自然、时间、生命的发问,一定会有一句触动了你柔软的内心。请同学们拿出作业纸,在第一栏试着写两句富有诗意的问题。

(生完成作业纸第一栏)

生(串联读):为什么我不能有一双翅膀呢?为什么我不能和动物说话呢?为什么朋友不和我玩呢?小鸟会和大树谈话吗?云朵一路上会遇到哪些朋友呢?为什么我们听不懂大自然的语言?我去世了,谁来替我生活?我的小学生活哪儿去了?为什么我会长大?为什么时间不能返回呢?

师:你们的问题,连在一起就是一首疑问诗,但这些问题之间是没有关联的。

三、例诗引领,创作小诗

(师 PPT 出示诗歌内容)

天空的颜色
金子美玲

大海呀大海,为什么蓝?
因为映着天空蓝。

天空也阴沉沉的时候,

　　　　　大海也阴沉沉。

　　　　　晚霞呀晚霞，为什么红？
　　　　　因为映着夕阳红。

　　　　　可是白天的太阳不蓝，
　　　　　天空为什么蓝？

　　　　　天空呀天空，为什么蓝？
（师指名读，引导生齐读最后一句）
师：发现这首诗和前面的疑问诗有什么不同了吗？
生：问题有关联。（PPT 出示儿子的诗）

雨
涵涵（3岁）
天是云的家，
云是雨的家，
为什么会下雨？
因为雨宝宝
要出来玩玩。

师：这一首诗和前面两首诗又有什么不同呢？
生：这首诗不仅提出了问题，还回答了问题。
师：关于这浩瀚宇宙的一切，我们都可以提出自己的疑问，这些问题是要有关联的；或者可以提出一个问题，通过想象解答这个问题。请试着写一首这样的小诗吧！（分层设计）想到写什么的同学可以开始写了，没想到怎么写的同学，先跟着顾老师一起看看这美丽的世界——
师：（PPT 出示图片）会变瘦、会变胖的月亮，从高高的山上跌落的飞流，是谁把这些贝壳遗忘在沙滩上？这些蒲公英种子到底飞到了哪里？火烈鸟为什么只用一只脚就能站立？咦，企鹅穿着礼服又是要去哪里呢？蜗牛爬上了高高的花枝，它不恐高吗？猫为什么守着缸里的鱼？还有，我们的校园，我们的游戏，我们的节日……这一切，都可以写进你的诗里。

四、修改小诗，集体讲评

生1：

月亮和星星

为什么月亮能发光？

因为它的反面是太阳。

为什么星星会眨眼？

因为它们正在用眨眼对话。

为什么要有月亮？

因为星星正要乘着月亮当船在天上行驶。

（师引导生修改最后一句为：因为星星要乘着月亮船旅行）

生2：

夜　晚

为什么夜晚没有太阳？

因为太阳睡着了。

为什么星星会闪烁？

因为星星在眨眼。

为什么夜晚的月亮有时圆有时弯？

因为每天都有不同的月亮来上班。

为什么星星会掉下来？

因为星星想要出来玩。

生3：

水

为什么水流的时候的声音是"哗哗"的呢？

因为水在开音乐会。

为什么水流到沙滩就消失了？

因为沙滩渴极了。

（师指导生修改第二句为：因为水像是在开音乐会）

生4：

风

为什么风有时小，有时大？

为什么会有台风？

因为风有时候呼噜声小，有时大。

风为什么有时和雨一起来？

因为它们在一起玩游戏。

为什么有风了才能放风筝？

因为风和风筝是姐弟。

师：请把诗带回家，读给爸爸妈妈听。这个问号就是诗的嫩芽，让我们捧着嫩芽，诗意地过每一天。

──────── 点 评 ────────

透明的童诗课

顾文艳老师穿着那件淡淡的粉色毛衣参加新体系作文大赛，执教《问号里的诗》这一节童诗课。比赛结束，她从童诗的课堂里走出来，重新穿上那件用来御寒的灰色的长羽绒服，提着箱子，赶回到她的学生身边去。

不久，在群里读到她的一篇童诗教学随笔——《透明的，未必看不见》，我觉得这个题目恰好契合了她的童诗课。

我听过数次童诗课，见到的大多是不太透明的课，那些课让我身处童诗打造的水晶宫外，我看不见童诗真正的样子。老师们呈现的更多是适合朗诵的，适合高年级学生阅读的抒情诗。有的是学生练习用拟人的方式在老师事先设计好的空格上填空，有的则是学生在老师设定的句式里不知所措地造句。这样的课，像极了众多的语文课，唯独不像童诗课。

很多老师还不能真正了解什么是童诗。有的老师对童诗知晓一些，但是在课堂上却用粗犷的教学行为把童诗的嫩芽给撞击得生不如死，这就是当下众多童诗课堂的现状。你可能会反诘我：难道真的像你说的这样惨不忍睹吗？童诗课就没有让人欣喜的课堂吗？我要说，有，这不，顾文艳老师的课来了。

顾文艳老师的童诗课是通过三个步骤来推进的：第一步，出示画面，由老师引导学生赏读图画，提出富有诗意的问题。第二步，品读名家经典作品，老师进一步引导学生参悟"新鲜语言的样子"。第三步，设定情境，让学生尝试用刚刚练习过的"新鲜语言的样子"来组织自己的疑问诗。

如果单从她的课件上看，她的课堂结构看上去"过于简单"，她只是和学生自然地聊了聊天，没有看到她在哪里"发力"，甚至大家都忘记了她是在赛课。可是，我要说，简单是真正复杂之后的简单，她找到了童诗百花园的入口。

课堂上，她一直关注着低年级学生的特点，用问号里的诗来吸引学生探寻的目光；她一直注意说让低年级学生真正能听得懂的话；她一直选择低年级的学生能读得懂的诗。她甚至巧妙地淡化了对写诗技巧的指导，让"我要写诗"给学生们带来的正襟危坐的局促荡然无存。在她的课堂上，学生们诗意的语言像嫩芽一样悄悄地破土而出，变成自然生长成出来的学生自己的语言。

在这节童诗课上，顾文艳老师一直耐心地启迪着学生的思维。刚刚接触到童诗时，学生对此有陌生感，顾文艳老师耐心地用自己的语言牵引着学生往前走。三十多分钟的练习后，学生的笔下竟然生出了美妙的诗句："为什么夜晚的月亮有时圆有时弯？因为每天都有不同的月亮来上班。""为什么水流到沙滩就消失了？因为沙滩渴极了。""为什么有风了才能放风筝？因为风和风筝是姐弟。"……

顾文艳老师的课，把学生领进了童诗花园，让他们看到了晶莹剔透的诗。

―――――― 课后反思 ――――――

种子的信仰

童诗，藏着儿童心中的好奇。对于大千世界，儿童有着天生的好奇心和求知欲。我精选《疑问集》中的诗句引导学生赏读，以此叩击、触动学生心中的"问号"，鼓励学生用诗的方式发问，表达自己内心对世界的好奇，或对自然、对时间、对生命的疑问。因为顺应学生的天性，所以他们心底的想法能汩汩流淌，他们借着疑问诗自由倾诉。

　　童诗，影射着儿童心中的生活。儿童诗是儿童生活的诗意存在。我借助和学生聊天、和学生欣赏例诗、和学生观赏图片，唤醒学生的诗意，激发学生的灵感。课堂上我不讲究诗歌技巧的应用，而是为学生建造自己的"心灵花园"。事实上，儿童诗中盎然的儿童情趣，本就是学生生活中固有的因素。

　　童诗，是儿童心中的答案。儿童是天生的诗人，也是天生的哲学家，他们以儿童的眼光观察这个世界的同时，也在不断思考、诘问这个世界，努力探寻心中的答案。未风干的童心是童言稚语的丰富来源，童诗创作追求的是一份天然的、不经雕琢的真。诗教的意义，不在于培养诗人，而在于引导学生用稚嫩的眼光去观察事物，用敏感的心灵去感受世界。

　　这节课，从一个个问题开始，到一个个问题结束，我用聊天的方式让学生触摸到创作疑问诗的秘诀——饱满的情感、丰富的想象。

　　学会提问，提出别人意想不到的问题无疑是写好疑问诗的第一步。所以，我将练笔分为两步：第一次练笔，让学生天马行空地提两个问题；第二次练笔，结合例诗，引导学生观察发现，要求学生写一首疑问诗。分阶梯的练笔设计，给学生搭建了有效的支架。课堂上，学生思维涌动，诗心被触发，创作出一首首活泼奇妙的小诗，这也是水到渠成的事。

　　在点评修改的环节，除了形式上提醒学生分分行，我还关注语言，要他们给文字"减减肥"，我给学生讲结尾很重要。因此，创作一首精妙的小诗，是需要"画龙点睛"般的点化艺术的。

　　我专注于童诗教学十余年，不仅因为我对诗歌充满了热爱，还因为我见证了童诗的种子在学生的心田发芽、生长后带来的奇迹。童诗的课堂，是呵护学生天性、启发学生智性、引导学生固化个性，让表达"自然发生"的课堂。

　　我将守候着我的诗意教育，用诗歌和启发想象养护学生的童年，在这最美的时节，播下诗意而芬芳的种子！

诗意融水墨，生命共成长
——《童年的水墨画》教学实录及点评

点评：江西省教育厅教研室语文教研员　徐承芸
地点：陕西师范大学附属小学

―――――― **教学实录** ――――――

一、视频导入，了解水墨画

师：爱画画的同学请举手，有画水墨画的吗？谁来说一说什么是水墨画？

生：水墨画就是用毛笔蘸上水和墨画的画。

师：由水和墨调配成深浅不同的墨色所画出的画为水墨画。请欣赏一段水墨画视频。（板书课题）课题中的"墨"是我们本节课要学习的生字，你可以根据它的字形猜猜它的意思吗？

生：黑色的，可以作水墨画的就是墨。

师：古人磨石炭为墨，石炭就是黑色的。让我们一起学写"墨"：四点最宽，左右点大，中间点小，最后一笔长横要写平。请在田字格里写一个"墨"字。

（生练习）

师：童年的水墨画里会有些什么呢？这节课，让我们一起欣赏童年的水墨画。

(生齐读课题)

| 点　评 |

　　开课伊始，以一段水墨画的视频导入新课，让学生对水墨画有了直观的感知。学习"墨"这个生字时，教师先让学生根据字形猜猜字的意思，然后讲解这个字的书写要领，再让学生在作业纸上写一写、改一改。这样的教学设计是希望把生字教学做得更扎实。

二、初读课文，整体感知

（一）初读诗歌，纠正读音

师：（出示自读要求）请一位同学读一读自读课文的要求。

生：1. 轻声自由朗读课文，读准字音，读通句子，在读不懂的地方画上问号。2. 三首诗就是三幅画面，试着给每一幅画取个名字。

(生按照自读要求自学)

师：先请几位同学来读读课文。（指名读课文）其他同学认真听，听听他们有没有读错的地方。

(生读课文)

师："当"读第四声，一起读一读"当作"。

(生读)

师：同学们读得都很好。我发现有的同学的书上画了不少小问号，你说这些问题由谁来解答呢？

生：由老师教给我们方法，我们自己解答。

师：本文是诗歌，诗歌如果多读几遍，有些问题就能迎刃而解。你试一下，看看是不是有的问题真的就解决了，读后与同桌交流一下。

(生读诗歌)

师：我看见同学们的书上还有一些"小问号"没有解决，怎么办呢？（出示本单元"交流平台"的内容）

（1）我发现，理解难懂的句子和理解难懂的词语，方法比较相近。

（2）结合生活经验，我理解了《剃头大师》里"这一会儿痛一会儿痒的，跟受刑一样"这句话，因为我也有过这样的经历。

（3）联系上下文，我知道了"只见松林里一个个斗笠像蘑菇一样"，原来是在写小孩子们的样子。

（4）理解难懂的句子，还可以查查资料，或者向别人请教。

师：请几位同学来读一读"交流平台"中的方法。（指名读）

（生读）

师：请和同桌交流讨论，试试用上这些方法来解决剩余的"小问号"。

（生讨论）

师：还有哪些问题是用了这些方法也没有解决的呢？

生："水葫芦"是什么意思？

生：水上长的葫芦。

师：（出示图片）水葫芦是一种水生植物，长得有点像葫芦。顾老师是用怎样的方法理解"水葫芦"的呢？

生：顾老师用的是查资料的方法。

生："忽然扑腾一声人影碎了"这一句我不懂。

生：鱼儿蹦出水面的时候发出扑腾声，就像猴子捞月一样，一碰到水面月影就碎了，这里的人影也一样。

师：这位同学联系自己读过的《猴子捞月》的故事来理解这句话，真好！你们还有哪些"小问号"呢？

生：笑声怎么会"在草地上蹦跳"呢？

师：这是一个很棒的问题，你有诗人的敏感。谁来回答这个很棒的问题呢？

生：小朋友发出一阵一阵的笑声，所以说笑声"在草地上蹦跳"。

生：笑声蹦跳，写出了小朋友钓上鱼儿时的快乐。

师：还有什么问题不懂吗？

生：为什么小蘑菇会戴一顶斗笠呢？一个个斗笠又像蘑菇呢？

师：（板画小蘑菇和斗笠）小蘑菇和斗笠像吗？

生：像。

师：戴着斗笠的孩子就像一个个小蘑菇，小蘑菇又像一个个戴着斗笠的孩子，这样的诗句多有趣！你真的很棒，不仅会提出有价值的问题，还能用刚刚学过的方法解决问题。

| 点 评 |

　　运用多种方法理解难懂的句子是本单元的语文要素，因此在初读课文时学生提出不懂的问题，教师让学生在朗读的基础上理解难懂的句子，再将"交流平台"中理解难懂句子的方法提供给学生，并让学生试着用上这样的方法去解决问题。放手让学生提问并解决问题，是为了充分发挥学生学习的自主性。

（二）关注诗题，了解组诗

师：（板书：溪边　江上　林中）读一读这三首诗的题目，发现有什么共同点吗？

生：这些词都是两个字，都是写地方的。

师：这三首诗在内容上有什么共同点呢？

生：这三首诗里都有小孩子。

师：这三首诗的题目都是表示地点的词语，内容都是孩子们快乐的童年，主题是相同的，这些诗放在一起，就称为组诗。三首诗就是三幅画，再读读诗歌，想象诗歌描绘的画面，分别给它们取个名字。

生：溪边钓鱼图，江上嬉戏图，林中采菇图。

| 点 评 |

　　学生第一次接触组诗，教师通过让学生找三首诗的共同点，引出了"组诗"

的概念，让学生对组诗能有所了解。创作诗歌离不开想象，阅读诗歌也离不开想象，诗中有画，画中有诗，因此教师设计了让学生想象诗歌所描绘的画面并取名的教学环节，这一环节也为接下来精读《溪边》这首诗做了铺垫。

三、精读《溪边》

师：用自己喜欢的方式读一读《溪边》，想象诗中的画面。

师：（出示一幅风景画），说一说，你想象的《溪边》的图画和这幅画有什么相同之处，你还要在这幅图上添加哪些景物？

师：（朗读《溪边》）把你要添加的景物写在黑板上。（指名板书景物）你把图画中缺少的景物都补上了，这些表示景物的词语放在哪个位置合适？

（生根据作者的写作顺序，重新调整板书）

师：让我们再一次朗读《溪边》。

（生配乐朗读）

师：如果让你用一个字来形容这幅画，你会用什么字呢？联系诗句说说你的理由。

生："绿"。这首诗中出现了好几个"绿"，读这首诗时，想象到的画面也是一片绿色。

生："静"。从"绿玉带""平静""立着红蜻蜓"这些句子都能感受到那份宁静。

生："美"，绿的垂柳，绿的溪水，红的蜻蜓，诗中的这幅画色彩很美。

生："乐"，草地上蹦跳着鱼儿和笑声，仿佛看到了钓鱼的孩子钓上鱼儿时欢乐的场景，能感受到画面中洋溢着快乐。

师：不同的人读同一首诗，感受也各不相同。这么美的画，我们要把它留在心里。听着美美的音乐，男女生分别配乐朗读，全班配乐朗读。

（师范读，男女生读）

师：谁来看着板书试着背一背？

（生齐背这首诗）

| 点　评 |

在精读《溪边》这首诗时，教师设计了给画添景的学习任务，在这个看似单一的任务中，其实融合了这几项内容：一是将诗句想象成画面，这是建立在对诗句已经理解的基础之上的。因为前面给足了学生提问的时间，所以他们已经理解了诗意，在完成这个任务时也不再觉得困难。二是将生字词的学习融入其中，学生在添加景物时是要用汉字写出来的，这些汉字中有些就是本课要求会写的生字。三是让学生安排所添加的景物至合适的位置，其实就是在帮助学生厘清诗人写作的顺序，为学生们即将要完成的背诵任务做了铺垫。让学生用一个字来形容自己脑海中的画面，这样的问题是没有标准答案的，这个问题的设计指向的是学生对诗歌的个性化解读；让学生联系诗句说说理由，其实是为了让学生再次潜入诗歌，感受诗歌的意境美。配乐朗读，先是教师范读，然后是男女生分组读，最后是齐读。这一次次的配乐读，是希望通过音乐的渲染，将学生带入优美的意境之中，并能以声传情，通过朗读表现诗歌的音韵美、语言美、意境美。

四、仿写诗歌，推荐阅读

师：在诗人张继楼的笔下，溪边垂柳依依，山溪如同绿玉带，红蜻蜓栖息在钓竿上，突然上钩的鱼儿打破了眼前的平静，笑声和鱼儿都在草地上蹦跳着。回忆一下，你曾在溪边、海边等地方见过怎样的美景，度过怎样的快乐时光。试着模仿《溪边》写一首小诗，将你的感受融入文字中。

学生写诗后分享：

山间小溪

周子游

当山冈还在冬眠时

山溪醒来了

融化的溪水潺潺

在山谷中回响

把春天来临的消息传到四方

唤绿了树木和山冈

溪水静静流淌
白天滑行着白云
夜晚落满了星星

游 溪
张瑶真

溪水是山的化妆镜
山在镜中扭出各种姿态
我乘着竹筏在溪中游
鱼儿追着竹筏和我同游
我在竹筏上看鱼儿
鱼儿在水中看着我
竹筏在水中一抖
我吓了一跳
鱼也吓了一跳

溪 边
刘翊洲

我在公园的溪边
爬上一棵树
我在树上望着远方
那是水的梦想开启的地方
也是它们
最终回归的地方

小　溪

徐嘉忆

小溪平静地远走他乡

脚下踩着千万次走过的鹅卵石

小溪的两岸

诗人吟诵着赞美的诗句

小溪带往远方的海洋

扑腾——

一条鱼腾空而起

准备探索新的世界

正像小溪一样

师：《童年的水墨画》这组诗共六首。这组诗选自诗集《写给孩子们的诗》，课后同学们可以找来读一读。童年的生活就是一幅幅画，下一节课，我们继续学习《江上》和《林中》。

总　评

从这堂课我们可以看出，教师素质较高，师生平等交流，课堂节奏舒缓自然，教学设计平实中见智慧。学生自己提问的环节，可以较好地调动学生的学习自主性；借助"交流平台"的内容梳理理解句子的方法，并引导学生运用方法尝试解决问题，体现了教师"用教材教"的教学理念。

在学生初步运用方法解决部分问题后，教师不继续追问还有哪些问题没有解决，问题集中提出，也许会给初学诗歌的学生带来恐惧感，建议让学生将不懂的问题留着，在后续的精读课文中再解决。儿童诗教学，应以学生朗读为基，读出画境，读出诗境，读出心境。建议在精读《溪边》诗歌时，引导学生多朗读，多想象，从中品味生活之趣，诗歌之趣。仿写诗作，视学生实际情况而定，如果第一课时仿写不成熟，可以放在三首诗歌学完后再行这一环节的尝试。

不着痕迹，点面结合
——《我的植物朋友》教学实录及点评

点评：华东政法大学附属松江实验学校　谢江峰
地点：华东师范大学第二附属中学前滩学校

教学准备

学生搜集喜爱的植物的图片或实物。

教学实录

一、谈话导入，揭题解题

师：（出示课件）今天，顾老师想介绍一些我的老朋友给你们认识。好吗？顾老师公众号的名字叫作"竹影居"，你看，这块小木牌上就有这三个字"竹影居"，这几个字是顾老师写的。这是顾老师的家，这个家有个小小的院子，院子外面是一片竹林，所以顾老师给小院取名为"竹影居"。每到春天，小院的门上就铺满了蔷薇。图片上的这些花儿都是顾老师的老朋友。这个只有一片叶子，花瓣像白色羽毛的，名叫一叶莲。再看，这些小白花特别香，等这些花谢了，就会结出一个个青色的小橘子。这是一种可以入药的花，名叫金银花。这是顾老师种的小玫瑰。这是多肉开出来的花，它有一个很好听的名字——花月夜。这一种花也有一个好听的名字——含笑，含笑的花朵很香。这是兰花，每到春天，兰花开放时，满院飘香。顾老师的好朋友可多了，除了这些花草，还有很多果树。我的院子里有两棵葡萄树，一棵石榴树，还有一棵柿子树。这是李树，这是樱桃树，每到它们结果的时候，就是我的学生最开心的时候，因为我会把树上的果子摘下来，和他们分享。我的学生还把那些石榴做成一个个艺术品。有的石榴被做成一个娃娃，有的石榴被做成一个灯笼，还有的石榴被做成了小王子住的星球——小行星B612……刚刚顾老师给你们介绍了自己的植物朋友，这节课，也请你把自己的植物朋友介绍给顾老师，好吗？我们先来读读课题。（出示课题）

生：（齐读）我的植物朋友。

师：你们觉得题目中哪个词语很重要？

生：我觉得"植物朋友"很重要。

师：什么是植物？

生：那些有根有茎的就是植物。

师：是的，植物有根茎，花草树木都是植物。如果把题目改为"介绍一种植物"，你觉得和"我的植物朋友"有什么不同呢？

生："我的植物朋友"表示很喜欢这个植物。

师：所以，我们在介绍植物朋友时，要把对它的喜爱融入其中。

二、展示记录卡，组内交流

师：当你把朋友介绍给别人时，会把朋友的姓名等重要信息说给别人听。这是课本上的一张关于桃花的观察记录卡。看，这张观察记录卡上有哪些信息？

生：名称、样子、颜色、气味等。

师：顾老师昨天也布置同学们制作植物朋友的观察记录卡，现在请取出你的观察记录卡，和你的同桌交流分享。

（生同桌交流）

师：如果你的同桌介绍得特别好，请推荐你的同桌给大家介绍一下他的观察记录卡。

（推荐生全班交流）

师：这几位同学在介绍自己的植物朋友时，在座的同学应该怎样呢？

生：我们要认真听，如果有听不懂的地方，等他们介绍完可以举手提问。

师：讲台上给大家介绍植物朋友的同学可以举起自己的观察记录卡。

生：我介绍的植物朋友是兰花。它的叶子长长的，开出的花有各种颜色。我比较喜欢纯白色的，因为白色的兰花看上去很纯净。它的花很小，藏在绿叶间，不太容易被人发现。兰花的花虽然很小，但它的花香令人沉醉。春兰的花期一般在每年的二月到四月，还有一些兰花的花期在七月到十月。兰花的生命力很顽强，开花的时间最短持续十天，有的甚至可以持续三十天。种植兰花有以下几个注意点：兰花不喜欢和寒风打交道，它生长的适宜温度是10摄氏度左右。

师：听了她的介绍，你记住了哪些信息？

生：我记住了兰花很小，不大容易被人发现。

生：兰花不喜欢冷的地方。

师：关于兰花，你有没有问题要问她呢？

生：为什么说兰花的生命力很顽强？

生：因为兰花花期很长，那小小的花可以开十天，甚至三十天。

师：关于兰花生命力顽强这一点，你在写作文时可以写得详细一点，这样读者就会明白了。再听听下面两位同学的介绍，他们介绍的都是水仙花，第一位同学介绍完后，第二位同学可以把前一位同学没有介绍的内容补充一下哦！

生：我给大家介绍的是水仙花，水仙花的叶子像蒜的叶子。叶子间有个粉绿色的钝头。钝头上长着花朵，花瓣是白色的，花蕊是黄色的。

师：不好意思，这个"钝头"我没有听明白。"钝头"是什么呢？

生：钝头其实就是它的花苞。

师：花苞长在哪儿呢？

生：长在茎的顶端。

师：请接着介绍。

生：水仙花有淡淡的香味，它的茎有的长，有的短。

师：他刚才介绍了水仙的花、茎、叶，你还有要补充的吗？

生：每一朵水仙花有六瓣小花瓣。水仙花不仅有白色的，还有黄色的。我记得我二年级寒假时种过水仙花，它的生命力也很顽强。

师：我们常常把水仙养在水里，只要给它一盆清水就足矣。关于水仙花，还有谁有问题？

生：水仙下面那个球状的是什么？

生：水仙花的那个球其实就是它的球茎，也就是它的种子。

师：你是最后一位介绍的同学了，你介绍的是什么花呢？

生：我介绍的是山茶花。

师：你手中的山茶花的图片很漂亮，可以举高一点给同学们欣赏一下。请接着介绍。

生：山茶花的花瓣看上去密密层层的。山茶花是直接长在树枝上的。我们小区里的山茶花的颜色是常见的红色和粉色，其实还有黄色、紫色、白色的山茶花，这些是比较稀有的品种。山茶花一般在一到三月开放。

师：山茶花喜欢在什么样的环境中生长呢？

生：它喜欢在既温暖又湿润的环境中生长。

师：还有没有什么问题要问这位同学？

生：你说山茶花喜欢温暖潮湿的环境，可是为什么花期是一月到三月，那时候不是有点冷吗？

生：只要有阳光，山茶花就会感到温暖。它也不喜欢特别炎热的天气，容易干枯。

生：紫色、黄色这些特别的颜色的山茶花是被染了颜色还是自然生长出来的？

生：不是染色，是要经过特殊的培育才可以开出特别颜色的花朵，所以很珍贵。

师：谢谢这几位同学介绍了自己昨天准备的观察记录卡，我们把这张观察记录卡变成大家都愿意读的作文，需要做些什么呢？

生：这个名片只是介绍了植物的大概情况，写作文时要写出所有的细节。

师：你可以举个例子说一说怎样才能写出细节吗？

生：比如，课本中的观察记录卡只写了桃花是粉红的，写作文时，我们还可以用个比喻句，写一写粉红的桃花像什么。

师：远远看去这一大片桃花就像——

生：像一个个粉色的笑脸。

师：近看可以看到一朵朵桃花，也可以把这一朵朵桃花想象成粉色的笑脸。如果朵朵桃花连成一片，远看像什么呢？

生：像花地毯，我想上去走一走。

师：桃花是开在树上的，比作地毯不太适合。

生：那一大片桃花像粉色的海洋。

师：还可以像什么？看看谁的比喻更贴切。

生：一大片桃花就像飘在空中的粉色的云霞。

师：掌声送给这位同学，这样的比喻很美，很贴切。

三、阅读例文，指导写作

师：这位同学告诉我们，想要把观察记录卡变成作文，需要写得更细致。怎样把作文写得更好呢？我们还得向作家学习。在跟作家学写作之前，我们先来了解一下这一次写作的要求。第一个要求是完成观察记录卡，我们都已经完成了，这是第一步。第二步，借助观察记录卡，写一写植物朋友，写出自己观察时的发现和感受。刚才那些观察记录卡，不管是书上的还是你们自己写的，基本上都是观察所得，有没有写出感受呢？

生：没有。

师：我们写作文的时候，要把你观察时的感受也写进去。第三步，写完以后，还要把自己的习作读给同学听听，如果恰好写的是同一种植物，你们可以组成一个小组，读一读，分享习作，看谁写得更好。顾老师给你们请来的作家是叶圣陶，昨天我们读过他写的《荷花》，叶圣陶写得好不好？好在哪儿？

生：在那篇文章中，作者把自己想象成荷花，写得很好。

生：作者写荷花"冒"出来，我觉得作者的语言很生动。

师：今天顾老师带来的是叶圣陶的另一篇文章《爬山虎的脚》，先听老师读一读。

学校操场北边墙上满是爬山虎。我家也有爬山虎，从小院的西墙爬上去，在房顶上占了一大片地方。

爬山虎刚长出来的叶子是嫩红的，不几天叶子长大，就变成嫩绿的。爬山虎的嫩叶，不大引人注意，引人注意的是长大了的叶子。那些叶子绿得那么新鲜，看着非常舒服。叶尖一顺儿朝下，在墙上铺得那么均匀，没有重叠起来的，也不留一点儿空隙。一阵风拂过，一墙的叶子就漾起波纹，好看得很。

以前，我只知道这种植物叫爬山虎，可不知道它怎么能爬。今年，我注意了，原来爬山虎是有脚的。爬山虎的脚长在茎上。茎上长叶柄的地方，反面伸出枝状的六七根细丝，每根细丝很像蜗牛的触角。细丝跟新叶子一样，也是嫩红的。这就是爬山虎的脚。

爬山虎的脚触着墙的时候，六七根细丝的头上就变成小圆片，巴住墙。细丝原先是直的，现在弯曲了，把爬山虎的嫩茎拉一把，使它紧贴在墙上。爬山虎就是这样一脚一脚地往上爬。如果你仔细看那些细小的脚，你会想起图画上蛟龙的爪子。

爬山虎的脚要是没触着墙，不几天就萎了，后来连痕迹也没有了。触着墙的，细丝和小圆片逐渐变成灰色。不要瞧不起那些灰色的脚，那些脚巴在墙上相当牢固，要是你的手指不费一点儿劲，休想拉下爬山虎的一根茎。

（一）抓住重点，写出特点

师：我们先来看一看这一篇文章，作者介绍的是什么植物？

生：爬山虎。

师：作者有没有像我们写其他植物那样，从根写到茎，写到叶，写到花，写到果？作者重点写了什么？

生：这一篇重点写的是爬山虎的脚。

师：顾老师把文章中凡是写脚的部分，都变成了白色的字体，你看，整篇文章有一大半的篇幅写的都是爬山虎的脚。我们要学习作者抓住重点，写出特点的写作方法。谁来说说什么是特点？

生：特点就是同类没有的东西。

师：在这里特点就是这个植物区别于其他植物的特征。植物千差万别，各有特点，习作时要抓住你的植物朋友有别于其他植物的特点进行重点描述。

（二）长期观察，写出变化

师：除了抓住重点，写出特点，这篇文章还有什么值得我们学习的地方？

生：还要学习作者写出了爬山虎脚的变化。

师：我看到你打印的水仙花的图片，从第一幅上只能看到叶片，第二幅图上水仙花就开满花了。因此，我们可以写一写水仙花从没开花到开满花这一过程中发生了怎样的变化。在这篇文章中，叶圣陶也写出了植物的变化。你从哪些句子中可以看出作者不是看了一两次爬山虎，而是进行了长期观察？

生：叶子刚长出时是嫩红的，后来变成嫩绿的。作者只有常常去看才会发现爬山虎叶子的变化。

师：是呀，作者长期观察，才能写出爬山虎叶子颜色的变化。

生：细丝原来是直的，后来就变成弯的。从这里也可以看出作者是在长期观察植物的。

师：这里作者又写出了细丝形状的变化。

生："今年我注意了"，说明在今年之前他已经观察过爬山虎，但没有发现爬山虎有脚。

师：刚才顾老师在巡视的时候，发现好多同学带来的都是同一种植物的图片，只不过处在不同的生长期。这次你们介绍时，要重点说说植物的变化。

生：这是雪柳，一开始它只是一些干了的枝条而已，但是把它泡在水里，一星期以后它就发芽了。

师：你可以说一说这个小嫩芽到底有多大，是什么颜色的吗？

生：小嫩芽只有米粒那么大，是嫩绿色的。两个星期以后，小嫩芽就长成了嫩绿的小叶子，就像在枯枝上镶满了绿色的宝石。三周以后，枝条上长出了雪白雪白的花，花蕊是黄色的。

生：这张图是我在网上找到的，我要借这张图说说我自己种的向日葵。第一天，我先把它种好，我每天一起床就去看它。过了一个星期，向日葵冒出米粒般大小的嫩芽。又过了一个星期，它的叶子就开始长大了。我观察了一段时间，发现开花时，早上的花都很精神，到了晚上就突然枯了，病恹恹的。第二天早上，它又精神了。

师：你写作文时就可以重点写一写向日葵花朵早上和晚上的变化，这也是它的特点。我们如果能长期观察，写出植物不同时期的特点，就能让读者感受到植物的生长，感受到植物的变化。

（三）恰当联想，写出动态

师：在这篇文章中，作者用了很多动词。

生（齐）："爬山虎的脚触着墙的时候，六七根细丝的头上就变成小圆片，巴住墙。细丝原先是直的，现在弯曲了，把爬山虎的嫩茎拉一把，使它紧贴在墙上。爬山虎就是这样一脚一脚地往上爬。"

师：读这一段时，你仿佛看到了什么？

生：我仿佛看到了爬山虎巴住墙，怎么拉也拉不下来。

生：我仿佛看到爬山虎的茎就像蜗牛一样，一点一点慢慢往上爬。

师：在这一段中，作者运用了很多动词，让我们仿佛看到了爬山虎一脚一脚往上爬，把爬山虎写活了。再读读这一句。

生（齐）："一阵风拂过，一墙的叶子就漾起波纹，好看得很。"

师：你觉得这句话哪个词用得好。

生：我觉得"漾"这个词用得好，让我想到一墙的叶子就像绿色的波纹在荡漾。

师：刚刚我们读到了这些语句，我们感受到了植物的动态美。我们写作时，也可以多用一些动词。作者不仅写自己看到的，还写了自己想到的。

生（齐）："爬山虎的脚长在茎上。茎上长叶柄地方，反面伸出枝状的六七根细丝，每根细丝像蜗牛的触角。"

师：在这句话中，作者把细丝比作了蜗牛的触角。

生（齐）："如果你仔细观察那些细小的脚，你会想起图画上蛟龙的爪子。"

师：这里又把爬山虎的脚比作了蛟龙的爪子，这些都是作者在观察爬山虎的时候产生的联想。观察植物时，我们常常会产生一些联想，如果能写出这些联想，会让你的文章更生动。比如，《荷花》一文中，作者把自己想成一朵荷花，和一池的荷花一起舞蹈。在这篇文章中，作者把细丝想象成蜗牛的触角，把爬山虎的脚想象成蛟龙的爪子。如果能像叶圣陶爷爷这样，用上一些合适的动词，让你们的植物朋友动起来，你们的文章就会生动了。

四、学生拟稿，相机指导

师：刚才我们向作家学习了写好植物的方法，你可以试着写一写你的植物最有特点的部分。希望你也可以用上恰当的动词，如果能展开联想就更好了。

（生练笔，师相机个别指导）

五、片段赏析，布置作业

师：请同学们来分享刚刚写的片段。

生：含羞草可爱害羞了，你一碰它，它就像害羞的少女一样低下头来。这是因为你一碰它，它身体里的水分就会快速地向根部流去，叶子因为缺少了水分就会"低下头来"。

生：银柳的芽和别的植物的芽不一样，毛茸茸的，像一个个细小的毛球，这些小芽可爱极了！用手轻轻一碰，芽就会掉下来。

生：仙人掌的生命力很顽强，哪怕你两个月不给它浇水，它也不会干枯。

不管是零下 10 摄氏度的天气，还是炎热到四十几摄氏度，仙人掌都会像个士兵一样笔直地站立。

师：刚才几位同学从不同的方面写出了植物朋友的特点。今天的作业就是写一篇完整的文章，介绍自己的植物朋友。写得好的同学，你的作文会被老师推荐发表哦。

点　评

不着痕迹　点面结合
——评顾文艳老师的习作课《我的植物朋友》

顾文艳老师执教的这一节习作课《我的植物朋友》，结合统编教材语文三年级下册第一单元的语文要素"试着一边读一边想象画面""体会优美生动的语句"和习作要求"试着把观察到的事物写清楚"，引导学生在自由表达中提升表达兴趣，在学习例文中学习表达方法，看似随意信步、信手拈来，实质是匠心独运，特点明显，充分体现了顾老师深厚的教学素养和扎实的习作教学理念。

一、自由谈话，充分交流，营造乐于表达的氛围

课一开始，顾老师就谈起了自己"竹影居"里的花花草草。她如数家珍，一口气和学生谈了 10 多种自己的植物朋友。这个近 500 字、数分钟的交流，不仅拉近了教师和学生的距离，更拉近了习作和学生的距离。好像是闲聊，其实是为学生营造了一个愿意表达、乐于表达的氛围，同时顾老师又适时地指出，"我的植物朋友"不同于一般的"介绍一种植物"。

老师一打开"话匣子"，学生就跟了上来，他们纷纷介绍起课前准备的观察记录卡。兰花、水仙花、山茶花……课堂上，通过小组交流、全班汇报的方式，每个学生都有表达的机会。在全班交流观察记录卡的时候，顾老师又让学生提出不理解的问题，让讲述者和聆听者之间进行充分的对话。

这种看似无意实则有意的教学在顾老师的课堂中随处可见，自由表达、乐于表达的氛围弥漫在整节习作课中。

二、徐徐展开，梯度上升，习得有序表达的方法

在学生充分展示观察记录卡的基础上，顾老师引导学生思考：如果把这张观察记录卡变成大家都愿意读的作文，需要我们做什么呢？结合教材对本次习作的要求，顾老师和学生一起梳理了完成《我的植物朋友》这一篇习作的具体方法：一是完成植物朋友的观察记录卡；二是借助记录卡，写一写植物朋友，写出自己观察时的发现和感受；三是写完以后，把自己的习作读给同学听听。如果恰好写同一种植物，同学们可以组成一个小组，读一读，分享习作，看谁写得更好。

顾老师巧妙地将教材的要求变成学习任务，引导学生围绕这些任务，逐级完成。比如，在交流观察记录卡之后，顾老师问学生："刚才那些观察记录卡，不管是书上的还是你们自己写的，基本上都是观察所得，有没有写出感受呢？"通过温习本单元的课文《荷花》，学习叶圣陶的另一篇文章《爬山虎的脚》，体会作家是如何写出自己的感受的。

在整节课中，这几个学习任务螺旋上升，体现了教学的层次性和学生学习的梯度性。

三、例文引路，有的放矢，突破习作的重点、难点

顾老师把"抓住植物的特点进行描写""写出植物的变化，能在文中用上合适的动词，表现植物的动态美"作为本次习作指导的重、难点，在具体的教学实施中，她借助例文《爬山虎的脚》——"顾老师把文章中凡是写脚的部分，都变成了白色的字体，你看，整篇文章有一大半的篇幅写的都是爬山虎的脚。我们要学习作者抓住重点，写出特点。谁来说说什么是特点"，让学生明确这里的特点就是"这个植物区别于其他植物的特征"。"植物千差万别，各有特点，写作的要抓住你的植物朋友有别于其他植物的特点进行重点描述。"

什么是好的教学？好的教学就是引在关键处，导在疑惑处，顾老师深谙此道并加以实施，点面结合，教学收到了事半功倍的效果。同样，在指导学生长期观察，通过动词写出植物的变化时，顾老师让学生再次阅读《爬山虎的脚》这篇文章，在比较和发现中学习作家通过长期观察，并用上一系列动词，写出了爬山虎叶子颜色的变化的写作方法。同时，顾老师有针对地以学生观察记录卡上的植物朋友"雪柳"和"向日葵"为例进行指导，"写出植物不同时期的特点，就能让读者感受到植物的生长，感受

到植物的变化"。指导学生多用一些动词，写出植物朋友的动态美。

　　打开话题，充分表达，点面结合，导有方法，是这一节习作课的最大特点。文如其人，课如其人。每次听顾老师的课，都有很大的收获。顾老师的课和她的为人一样，淡淡的却散发着独特的芳香，不着痕迹又让人回味无穷。

———— **优秀习作** ————

芦　荟

王浩铭

　　我最老的朋友就是我家阳台上的那株芦荟，它已经陪伴我六年了。芦荟的茎粗粗的，芦荟的叶子好像很喜欢茎似的，紧紧地抱着茎交错着向上生长。这些叶子伸向四面八方。最上方的四片大叶子就像守护神一般保护着它们下方的小叶子。

　　芦荟其实也有自己的"秘密武器"——叶子边缘的小刺。这些小刺是淡黄色的，细细的，尖尖的，简直是锋利无比，如果你不小心触到它们，会像针扎一般疼痛。

　　芦荟的根也很好玩。有一次，妈妈把盆里的土刨开，发现芦荟的根居然像胡须一样细长，根在土里向四面八方伸展！

以讲故事的方式学故事
——《宝葫芦的秘密》（节选）教学实录及点评

点评：黑龙江教师发展学院　杨修宝
地点：江苏省无锡市连元街小学

教学实录

一、导入新课，揭示课题

（一）聊聊"宝物"

师：同学们好！你一定读过许多童话故事，这些故事的主人公往往会拥有一些神奇的宝物，可以举例说说吗？
生：孙悟空的金箍棒可以变大变小，威力无穷。
生：哪吒的乾坤圈也可以大小伸缩，攻击力很强。
生：阿拉丁的神灯可以满足主人的所有愿望。

（二）揭示课题

师：王葆的宝葫芦和阿拉丁的神灯一样神奇。今天，我们就学习一篇课文《宝葫芦的秘密》。（板书：25.宝葫芦的秘密）
师：这篇课文选自张天翼的长篇童话故事《宝葫芦的秘密》。

二、学习字词，练习说话

（一）学习字词

（课件出示词语）

介绍　王葆　妖怪　规矩

乖小葆　我怕烫　溜开　攥上我　光脚丫　拽住

劈面撞见　远足旅行　掘地三尺

大花狗　冲着　舔手　摇尾巴

向日葵　又瘦又长　最好最好　罢了

师：请五位同学读读这些词语，每人读一组，其他同学认真听，有没有读错的。

（师指名分组读词，读后正音，生再齐读）

（二）练习说话

师：想象你就是王葆，请用上第一组词语介绍自己。（板书：介绍自己）

生：嗨，同学们好！我首先介绍一下自己。我叫王葆，我是个普普通通的少先队员，既不是神仙，也不是妖怪。我从小就喜欢听故事，每逢奶奶要求我做什么事，她就得给我讲个故事，这是我们的规矩。

师：瞧，奶奶要王葆洗脚，王葆不肯。读了第二组词语，你仿佛看到了怎样的画面？

生：我仿佛看到奶奶一边攥着王葆，一边招着手说："乖小葆，来洗脚。"王葆说着"我怕烫"就溜开了。奶奶又让王葆剪脚指甲，王葆光着脚丫就跑，被奶奶一把拽住。

师：按照王葆和奶奶的规矩，为了能让王葆洗脚、剪脚指甲，奶奶就得讲故事给王葆听。请同学们读读第三组词语，任选一个词语，说说宝葫芦的来历，先讲给同桌听一听。（板书：奶奶讲故事）

（同桌练习说话后再全班交流）

生：张三得到宝葫芦是因为他撞见了一位神仙，神仙给了他一只宝葫芦。

生：李四出远门旅游，他来到大海边，游哇游，竟然游到了龙宫，他的宝葫芦是在龙宫里得到的。

生：王五得到宝葫芦是因为他很听话，奶奶说什么他就做什么，所以得到了宝葫芦。

生：赵六的宝葫芦是他挖地时挖到的。

师：除了奶奶讲过的这些宝葫芦的来历，你还能想出宝葫芦是怎么来的吗？

生：有个人到山林里采药，他救了一只受伤的小鸟，其实这只小鸟是神仙变的。为了感激采药人的善良施救，神仙送给他一只宝葫芦。

师：宝葫芦可神奇啦，想要什么宝葫芦就可以给你什么。李四希望有一条大花狗，果然就有了，齐读第四组词语。

（生齐读）

师：王葆为什么也想要宝葫芦呢？请用上最后一组词语说一说。

生：王葆和同学比赛种向日葵，可是王葆种的向日葵又瘦又长。他想如果得到宝葫芦就可以有一棵最好最好的向日葵了。可是，那只不过是幻想罢了。

三、学习课文，创编故事

（一）默读课文，思考问题

师：王葆想要宝葫芦，除了是想得到一棵最好最好的向日葵，还有别的原因吗？默读课文，思考问题。

（生默读课文，师指名回答）

生：王葆做算术题，不知道该怎么列式子的时候，就想有个宝葫芦帮他列式子。

生：王葆和科学小组的同学闹翻的时候，也想有个宝葫芦帮他解决问题。

（板书：幻想得到宝葫芦）

(二) 再读课文，创编故事

师：再次默读课文，找一找，文章中哪几个自然段是奶奶讲的故事？

（生默读课文，师指名回答）

生：第五到第十九自然段写的是奶奶讲的故事。

师：我想请两位同学读读这几个自然段中人物的对话，一位同学读奶奶的话，一位同学读王葆的话，其余的内容齐读。在朗读课文之前，我们先来讨论讨论，读王葆和奶奶的对话时要注意什么。

生：读王葆的话时，要表现出他的淘气、顽皮，是小男孩说话的口气。

生：读奶奶的话时，要读出奶奶的慈爱。

生：读到奶奶讲故事的文字时，就要想象是奶奶在给王葆讲故事，要讲得绘声绘色。

（生分角色读课文）

师：课文中并没有写出奶奶讲述的完整的故事，你可以和同桌一起讨论讨论，选择其中一个故事，创编一个完整的宝葫芦的故事吗？

（同桌间合作学习后小组交流，推选出"故事大王"讲故事）

生：很久很久以前，有个樵夫名叫张三，他家里很穷，每天天不亮就上山砍柴，天黑了才回来。即使不分日夜地劳动，他也只能勉强填饱肚子。有一天，他又上山砍柴，迎面走来一位须发皆白的老爷爷。突然，老爷爷被脚下的石块一绊，狠狠地摔了一跤。张三赶紧放下柴刀，跑到老爷爷面前，一边扶起他，一边查看老爷爷有没有受伤。老爷爷揉揉摔痛的脚踝，走不了路。张三说："老爷爷，我背您回家吧！您家在哪里？"老爷爷说："我家就在山脚下。"

张三背上老爷爷往山下走去，老爷爷一路上都在和张三聊天，问他家里的情况，张三一五一十地讲给老爷爷听。走着走着，张三发现背上的老爷爷越来越沉，他已经累得满头满脸都是汗，但他也只是擦擦汗，继续背着老爷爷向山下走去。终于把老爷爷送到家，张三转身就要走，老爷爷却拦住他说："别急，别急，喝口水再走也不迟，我还有样东西要送给你呢。"张三连忙推辞："不了，老爷爷，我要上山砍柴去了，您在家好好休息吧。"这时，老爷爷从怀中掏出一只金光闪闪的葫芦。他说："这只葫芦就送给你了，你想要什么它就可以给你什么。"张三心想：今天耽误了砍柴，要是能有一大捆柴就好了。宝葫芦似乎听懂了张三的心里话，张三的脚边果然出现了一大捆柴。张三看着眼前的一切，目瞪口呆，竟以为自己在做梦。这时，老爷爷突然不见了，老爷爷住的茅草房也不见了，只留下张三手中的那只宝葫芦。从那以后，张三不仅靠着宝葫芦过上了衣食无忧的生活，还帮助了许多和他一样贫穷的乡亲。

　　师：这个宝葫芦的故事情节很完整，还蕴含着"善有善报"的道理，讲得也很精彩，不愧为"故事大王"。课后，你可以把自己编的故事讲给家人听哦！

　　四、拓展阅读，激发兴趣

　　师：刚刚我们听的是张三得到宝葫芦的故事，王葆是如何得到宝葫芦的呢？听老师给你们讲一讲。

　　太阳快要落下去了。河面上闪着金光。时不时泼剌的一声，就皱起一圈圈的水纹，越漾越大，越漾越大，把我的钓丝荡得一上一下地晃动着。这一来鱼一定全都给吓跑了。

　　我嚷起来："是谁跟我捣乱？"

　　有一个声音回答——好像是青蛙叫，又好像是说话："咯咕噜，咯咕噜。"

　　"什么？"

　　又叫了几声"咕噜，咕噜"，——可是再听听，又似乎是说话，好像在说："是我，是我。"

　　"谁呀，你是？"

　　回答我的仍旧是"咯咕噜，咯咕噜"，叫了一遍又一遍，渐渐地可就听得出字音来了："宝葫芦……宝葫芦……"

　　越听越真，越听越真。

　　师：先剧透一下，宝葫芦是王葆钓鱼时钓上来的。王葆得到了宝葫芦以后，又发生了哪些故事呢？请到《宝葫芦的秘密》这本书中去寻找答案吧！
（出示图书《宝葫芦的秘密》）

[板书设计]

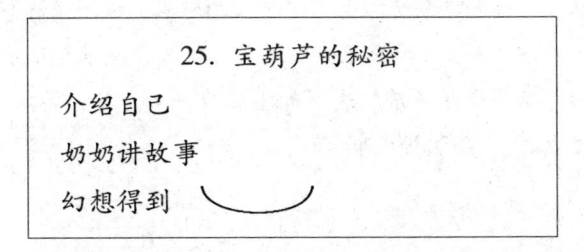

```
        25. 宝葫芦的秘密
    介绍自己
    奶奶讲故事
    幻想得到  ⌣
```

点　评

让我"讲"给你听
——评顾文艳老师执教的《宝葫芦的秘密》（节选）

童话二字，拆开理解，"童"指儿童，"话"指故事。童话是给儿童看的，在人物上亲近儿童，在主题上贴近儿童的精神世界，符合儿童纯真、可爱的天性，故事情节依据了儿童的阅读兴趣、接受能力和审美情趣。童话中，故事是核心，没有故事童话就不会吸引儿童，童话也就不会存在。顾文艳老师紧紧把握童话的文体特点和核心要义，以儿童的视角解读文本，以儿童的思维设计问题，以儿童的兴趣设计学习任务，以"讲故事"的方式让学生学习童话。

一、学课文，"会"讲故事

《宝葫芦的秘密》（节选）是我国作家张天翼写的《宝葫芦的秘密》的开头部分，写王葆从小爱听奶奶讲宝葫芦的故事，希望得到一个无所不能的宝葫芦。如何让学生快速而准确地整体感知故事内容？顾老师巧妙地设计"从此学文"，分组教学生学习词语，而后设计四个学习任务：用第一组词语，介绍王葆；用第二组词语，说一说仿佛看到了怎样的画面；用第三组词语，说说宝葫芦的不同来历；用最后一组词语，说说王葆为什么也想要宝葫芦。本单元的语文要素是"感受童话的奇妙，体会人物真善美的形象"。教学《宝葫芦的秘密》（节选）时，顾老师引导学生在王葆带有神秘感的介绍中感受奇妙，在奶奶的故事中感受奇妙，在王葆的幻想中感受奇妙。顾老师没有刻意强调"奇妙"，而是通过串联词语聊故事的方式让学生体会"奇妙"，落实单元语文要素。此教学环节，顾老师帮助学生了解了人物特点，梳理了故事梗概，掌握了课文结构。更为巧妙的是，不仅让学生梳理了文本的内容，还教会了学生讲述故事的方法——串联关键词，概述故事情节。这一教学环节一石多鸟：学词、练说巧妙融合；目标精准：教学生方法，"会"讲故事。

二、作创编，"绘"讲故事

童话文体故事性、口语化的特点，注定使之成为训练小学生复述、讲述能力的最佳文体之一。讲故事是童话的教学重点，统编教材进行了有层次的编排：借助图片讲——借助提示讲——复述故事——创编故事。教材从二年级上册第一篇童话《小蝌蚪找妈妈》就提出了借助图片讲故事的要求，课文《风娃娃》在此基础上提出借助提示讲故事的要求。到二年级下册第七单元的教学重点就是"借助提示讲故事"，其中《蜘蛛开店》《小毛虫》两课课后习题中明确提出讲故事的要求。三年级下册《方帽子店》所在单元的语文要素就是"了解故事的主要内容，复述故事"。到四年级下册第八单元，这是统编小学语文教材中最后一个童话文体单元。本单元的习作要求是"按自己的想法新编故事"。《宝葫芦的秘密》（节选）是这一单元的第一课。教材在《宝葫芦的秘密》（节选）课后安排了创编故事的练习："奶奶给王葆讲了哪些故事？选一个，根据已有的内容创编故事，讲给同学听。"顾老师深谙统编教材童话文体的编排特点，引导学生，在读文的基础上，"选择其中一个故事版本，创编一个完整的宝葫芦的故事"。通过同桌合作讲故事、小组交流补充故事、推荐故事大王讲故事等逐层推进的教学步骤，引导学生展开丰富的想象，绘声绘色地创编出一个个完整的宝葫芦的故事。"创编"为单元习作打下基础，也是单元整体学习成果的内化与运用。透过学生创编的故事，我们看到了学生奇妙的幻想世界。幻想是童话的灵魂，是童话的主要艺术特征，学生在这个世界里体验不受束缚、自由自在、打破界限的浪漫新奇与精神欢愉。童话单元整体教学的最终目的之一便是让学生在奇思妙想中创意地表达。顾老师紧紧抓住单元重点，巧妙运用课后习题，从单元整体教学出发，利用童话情节曲折离奇的特点，激发学生的想象力和创作冲动，发挥想象创编故事。这是语言运用能力的提升，童话故事思维的发展，审美创造素养的体现。

三、巧导读，"慧"讲故事

张天翼童话中的"宝葫芦"是 20 世纪童话世界的精灵，《宝葫芦的秘密》一个主人公，一条故事线，事情一件件，一环环，紧密相连，情节曲折，有游戏色彩，极具儿童趣味。如何让学生从学一文到读一本，学一课到读一类，这是教学智慧，更是语文课程观。顾老师真是"慧"讲故事，在课堂教学的最后环节，顾老师给学生讲"王葆是如何得到宝葫芦的"，声情并茂，巧设悬念，在关键处戛然而止，极大地激发了学生的阅读兴趣与阅读期待，达成学生学习童话的目的——走进童话世界，阅读童话书籍，体悟童话精义。

童话教学就要有这样的课程意识，就该经历这样的教学进阶：从"会"讲故事，到"绘"讲故事，再到"慧"讲故事。当学生阅读大量童话书籍，徜徉童话世界之后，每每谈起一个童话时，他随口就说"让我讲给你听吧！"那该多么美好啊！

设计交际情境，实现有效教学
——《我们与环境》教学实录及点评

点评：江苏省徐州市兴东实验学校　张忠诚
地点：湖北仙桃市第二中学小学部

教学实录

师：今天口语交际的主题我已经写在黑板上了，是——
生：我们与环境。
师：这里的"我们"指的是我和你们吗？
生：全球人民。
师：他认为这里的"我们"指的是全人类。你同意他的观点吗？
生：同意。
师：什么是"环境"？
生：应该是"大自然"。
师：环境可以分为自然环境和社会环境，我们今天主要交流的是自然环境。顾老师想问一问，你喜欢欣赏大自然的美景吗？曾经到哪些环境优美的地方旅游过呢？
生：我去过"梦里水乡"。
师："梦里水乡"在哪儿？

生：在仙桃。

师：可以描述一下"梦里水乡"的美景吗？

生：有花草树木，有清澈的溪流。

师：同学们还去过哪些风景优美的地方？

生：我去过海南。

师：什么地方特别美？

生：沙滩。

师：那里的沙滩和我们平时见的沙滩有什么不一样吗？那里沙滩的沙子特别——

生：软。

师：细软，而且它的颜色是——

生：黄色的。

师：浅黄还是深黄？

生：浅黄。

师：有的地方的沙子甚至是白色的。我也去过海南，我觉得海南的海是整个中国最美的海，你同意吗？

生：同意。

师：顾老师也特别喜欢旅行，给你们看几张照片。这些照片的摄影师是我的儿子，他上高二的那一年国庆节假期，我和他一起到浙江旅行。我说瀑布好美啊，我要拍张照片。他承诺一定要拍一张让我满意的照片。果然，这张照片让我很满意。我平时旅行的时候也喜欢拍一些好看的照片。湛蓝辽阔的海洋，一碧千里的草原，多美呀！可是，如今这美丽的环境却遭受着种种破坏。大家发现有哪些行为正破坏着我们的生活环境？

生：随地吐痰，乱丢垃圾。

师：还有呢？

生：把化学药水往河里倒。

师：造成了什么污染？

生：造成了河流污染。

师：对，水污染。

生：大量塑料制品在海洋里漂，有些动物把它们吞进肚子里就失去了生命。

师：看到这些报道，你心痛吗？

生：心痛。

师：我也看到过这类信息，真的很心痛。

生：有些人抓捕野生动物。

生：有些人砍伐树木。

师：乱砍滥伐。你们知道这样做会给我们的环境带来怎样恶果吗？

生：空气不能得到净化。

生：人类大量砍伐树木，导致水土流失，大片大片的沙漠出现。

师：对，土地沙漠化，水土流失，都是乱砍滥伐的恶果。现在请同学们前后桌四人小组讨论：第一，你发现了哪些破坏环境的行为。第二，你能不能把这些行为归归类，比如，往江河里面排放一些有毒的物质或者乱扔垃圾等造成了水污染。讨论时，你可以边听边记录人类破坏环境的行为分别导致了怎样的后果。

（生讨论）

师：刚才我在听你们讨论的时候，发现你们讨论的声音都很小，我想问问为什么你们讨论的时候声音那么小呢。

生：因为如果一个小组大声说话的话就会扰乱别的小组。

师：哦，我们小声讨论是为了不影响别人。

生：我们想给观看我们上课的老师留下一个好印象。

师：一位同学说为了不影响别人，一位同学说为了表现我们是有素质的班级。我觉得能想到不影响别人就是一种很有素质的表现。好，我们现在来看看这几幅图，先看左上角的第一幅图。你看到了一条怎样的河流？

生：被污染的河流。

师：说说它被污染成什么样了？

生：水本应该是清澈的，但图中的河水成了黑色的。

师：这样的河流，它的水还能饮用吗？
生：不能。
师：那么为什么会有这样的河流出现？
生：我们人类制造了垃圾。
师：人类的哪些行为会导致河流污染？
生：工厂排放废水。
生：人们把某种化学物质投放到水里，鱼就会浮在水面上，然后人们把鱼捞上来，卖出去赚钱。
师：哦，我知道了。曾经有人用一种化学剂把河里的鱼给迷晕，然后捞出来售卖。再来看一看左下角的这幅图，你看到的是怎样的一片天空？
生：是一片乌云密布的天空。
师：这不是乌云。
生：浓烟弥漫着整个天空。
师：你知道这些浓烟从哪儿来吗？
生：工厂。
师：是从工厂的烟囱里面冒出来的，很多都是有毒的气体。如果吸进这些有毒气体，你知道会有什么后果吗？
生：会影响身体健康。
师：现如今，呼吸道系统的疾病特别多，部分和空气污染有关。再来看一看右边的这一幅图，你能想象出这个地方原来的景象吗？
生：原来这里是茂盛的树林。
师：那现在是什么样子的？
生：树全部被砍了。
师：你想对那些砍树的人说些什么呢？
生：这样是不可以的，你们破坏了大自然。
师：对于这些乱砍滥伐者，你还想说些什么呢？
生：你们这样还会引起水土流失，这片城市有可能会被洪水吞没。
生：如果你们继续砍树的话，就没有树木净化空气了。

生：我们应该保护自己的家园，不能破坏大自然。

师：刚才你们在讨论的时候，给这些破坏环境的行为分了类，现在我们再分别交流一下。造成水污染的有哪些情况，造成空气污染的有哪些情况，造成水土流失的有哪些情况。我请四人小组一起上来汇报。一人主讲，一人记录，其余两名同学补充。其他同学听一听他们是不是围绕破坏环境这个主题讲的，他们所讲的内容有没有需要补充的。

生：水污染主要是塑料垃圾污染了河面，还有废水排放和核污水的排放。

师：你们是不是想到了前一段时间发生的事？

生：福岛排放核污水到海洋。

师：你们知道它带来的后果吗？

生：知道。

生：核污染水可能对海洋生态系统造成长期影响，包括基因突变等。

师：他不仅说了有哪些行为，而且用举例的方式说明了这种行为的严重后果。两位同学还有要补充的吗？（指导板书的同学写下"核污染"）

生：我在新闻里看到工厂排放的废气造成空气污染，一些人因此患上了鼻炎等疾病。

生：田野里的麦秸、稻秆燃烧后也污染了空气。

生：抽烟也会污染空气。

生：比如，我爸爸爱抽烟，我们就容易吸到二手烟。

生：春节放爆竹的时候，产生的烟雾也会污染空气。

生：小汽车排放的尾气会污染空气。

师：再来看看还有哪些破坏环境的行为。

生：乱砍滥伐，造成水土流失；乱捕乱猎，破坏动物的食物链。

师：黑板上列举了这么多破坏环境的行为，为了保护环境，我们可以做些什么呢？

生：我们应该拒绝食用野生动物。

师：他针对捕猎野生动物这一条提出了"拒绝食用野生动物"的方案。

生：不随地吐痰，不乱丢垃圾。

师：还有吗？还可以做些什么？最好能针对我们刚才列出的这些破坏环境的行为。

生：可以把一些没用的废纸送到造纸厂，让树木少被砍伐。

师：废纸进行二次利用，把它变成纸浆，再来造纸，就可以减少乱砍滥伐。还有吗？

生：买菜时自带菜篮，少用塑料袋。

师：非常好，塑料袋会给我们的水土造成污染，我们要尽量少用塑料袋。

生：通过评选文明城市的方式提高人们保护环境的意识。

生：外出旅游时，尽量不要开汽车。

师：尽量选择公共交通工具。

生：绿色出行，骑自行车。

师：距离短的，我们可以骑骑自行车，既环保又能锻炼身体。

生：将本子没用完的纸撕下来钉在一起，就变成了一个草稿本。

师：节约纸张就是保护森林。

生：不要让空调和电视待机。不用的时候把它们关闭，这样就可以省电。

生：少用木杆铅笔，多用自动铅笔，减少对树木的砍伐。

师：依旧是四人小组，我们来做一个记录。看看能不能列出十条保护环境的小建议。哪一组先把十条完成了就到讲台前交流。

（生讨论后交流）

师：先听一听这一组的建议。如果你还有很重要的建议，等他们发言结束后再补充。

生：不要浪费水，不要让电视处于待机状态。

生：尽量不要用一次性碗筷，可以将家里的废纸送给造纸厂。

生：不要随便乱捕野生动物，不要在河里乱丢垃圾。

生：不要用木制的铅笔，不要随地吐痰。

师：还有没有要补充的？除了他们说的这八条。

生：我们到菜市场的时候可以用我们自己带的篮子，不要用塑料袋。

师：别人说过的就不重复啦。

生：对于工厂排放废气废水这个行为，核实后可以向相关部门举报。

生：练毛笔字可以用废纸。

生：不随便捕杀野生动物。

师：刚才有人说过了。

生：尽量不要用一次性筷子。

生：减少私家车出行，骑自行车或坐公交车。

师：绿色出行。

生：看到别人乱丢垃圾的时候可以劝告他将垃圾丢进垃圾桶。

师：对于破坏环境的行为，我们要制止。好的，下课的时间已经到了，留一个课后作业，请同学们把整理出来的十条保护环境的建议选择一个合适的地方张贴。你觉得可以贴在哪些地方？

生：我觉得可以贴在教室的宣传栏里。

师：教室的宣传栏是给我们学生看的。还可以贴在哪儿？

生：可以贴在社区的广告栏里面。

师：那是给社区的居民看的。还可以贴在哪儿？

生：贴在森林的一棵树上。

生：贴在校门前，除了学生能看到，接送学生的家长也能看到。

师：小手拉大手，学生带动家长一起保护环境，很好。

生：贴在公园里，这样在公园里游玩的人们都可以看到。

师：对呀，特别是那种客流量大的公园里，我们也可以张贴。但不可以自己随便张贴，要征得公园管理处的同意，不能像贴小广告一样随便贴，那样又破坏环境了。

生：可以贴在著名景点的售票大厅，并且经过售票人员的同意。

师：保护环境真的是要从我做起，从现在做起，从小事做起。只有人人保护环境，我们才能有一个美丽的地球。好，这一节课就上到这儿了，下课！

点　评

设计交际情境，实现有效交际

顾文艳老师的课用文字难以评点，到达现场你一定能感受到她的教学魅力。口语交际《我们与环境》教学课例，让我们再一次"回到"课堂现场。

如何进行有效的口语交际教学，一直困惑着许多老师。顾老师在《我们与环境》的教学中进行了有益的探索，作为成功的样本为口语交际教学提供了路径。课例的成功归结为三个方面：

一、紧扣课程目标教学

日常生活中的口语交际虽然有一定的技巧，但随意性强。课堂教学中的口语交际，处在课堂教学的场景中，具有明确的课程目标指向。

顾老师的口语交际课，学生乐于和老师、同学交流、分享自己对破坏和保护环境的想法，能够有条理地说出破坏环境的原因，保护环境的做法，形成保护环境的建议。特别在小组讨论交流时，顾老师引导学生注意讨论时的音量："发现你们讨论的声音都很小，我想问问为什么你们讨论的时候声音那么小呢？"这其实是在紧扣课程标准第二学段表达与交流的目标："乐于用口头、书面的方式与人交流，愿意与他人分享，增强表达的信心；能清楚明白地讲述见闻，说出自己的感受、想法；根据不同的场合，尝试运用合适的音量和语气与他人交流。"因此，这是一节贯彻2022版语文新课标理念的课。

二、设计有组织的交际语境

与日常交际语境的随意性相比，课堂教学中的口语交际语境处在一个特殊的场合中，是需要设计、组织的，如此才能帮助学生进行有效的口语交际，提高交际效果。顾老师口语交际课的语境有两个显著特点。

（一）围绕主题进行口语交际

课堂围绕"破坏环境的原因、保护环境的做法"的主题进行表达与交流活动。因为主题明确，学生的口语交际指向精准，形成了结构性的口语交际课程内容。

（二）进行有组织的口语交际

进行有组织的口语交际是中小学口语交际教学的核心。这节课的组织主要从倾听、讨论两个情境入手，带有明显的设计色彩。比如，讨论的情境设计："现在请同学们前后桌四人小组讨论。第一，你发现了哪些破坏环境的行为。第二，你能不能把这些行为归归类……"

三、形成反思性课程内容

日常生活的口语交际往往存在着很多问题，只不过我们没有意识到：某些缺点不为某个人所独有，而带有相当的普遍性。对大多数人来说，这些问题在日常生活中是不太容易被改变的，需要学生时期教师的有效教导。教什么呢？教学生态度、规则、策略；教他们反思自己的听说，该做什么，不该做什么；教学生改变不良的口语交际习惯。这一些形成了反思性课程内容。

顾老师在课堂中，不仅教学生反思讨论时的情感移入式倾听，引导学生讨论时注意音量，还在活动中定下学生讨论、倾听的规则："我请四人小组一起上来汇报。一人主讲，一人记录，其余两名同学补充。其他同学听一听他们是不是围绕破坏环境这个主题讲的，他们所讲的内容有没有需要补充的。"

好课需要分享，真的希望能够来到顾文艳老师口语交际《我们和环境》的课堂，现场感受她的口语交际课的无穷魅力。

让学生成为课堂的主角
——《我是小小讲解员》教学实录及点评

点评：江苏省溧阳市燕湖小学　彭　峰
地点：湖北省武汉光谷第十五小学

教学实录

师：我们的课题是《我是小小讲解员》，先请一位同学来说说什么是讲解员。

生：你去一个地方，比如说博物馆或者一个景点，那里都会有讲解员给你讲博物馆里的展品，或者景点的景物，也就是关于它们的信息和数据等。

师：也就是说，你在博物馆和景点都听到过讲解员的讲解。有谁不仅听到过讲解员的讲解，还曾经做过讲解员？

师：有吗？没有啊。那我们今天就来学习做个小小讲解员，好不好？

生：好。

点 评

口语交际的话题，应源于真实的生活情境和学生的交际需要。顾老师直截了当，引导同学在交流中认识"讲解"，主题聚焦，目标明确，由此拉开了课堂教学的序幕。

师：做讲解员究竟要具备怎样的素质，怎样做才能成为一名合格甚至优秀的讲解员？我们先来看一段视频。（播放几位小讲解员讲解的视频）

师：刚才我们看了一段视频，顾老师想请你们评价一下，视频中的讲解员表现如何？

生：他们表现得不慌不忙，很有礼貌。

师：他们有礼貌，很从容，丝毫不紧张，很大方，表达也很自然。

生：我觉得他们讲得都非常好，把每件事都讲得很详细，事件的历史背景也交代得很清楚。

师：我想问一问，如果他们不准备，能讲得这么好吗？

生：我觉得是不行的，他们要上网搜寻一些资料。

师：对，要上网搜寻资料，还要写讲解稿，不然怎么可能讲得好呢。他们是做了充分的准备的。谁再来点评一下他们的讲解？

生：我觉得他们表现得很大方，很从容，不紧张，讲得很顺畅、很清楚、很有条理。

师：讲得很流畅，很有条理。其实在生活中有很多场合需要讲解员。课本中列举了一些情况，比如，学校有客人来了，他想参观你的校园，你就可以带着客人在校园里面一边走一边讲解：这是我们的教学楼，哪几个年级在这一栋楼上；这是我们的校史陈列室，里面介绍了哪些人物。再比如，家里来了远方的客人，他初次来到武汉，想出去看看，这时候，你可以为客人讲解，你打算讲解些什么呢？

生：可以给他讲一些附近的场所，比如说超市、医院。

师：就是一些与生活相关的场所，比如，医院在哪儿，超市在哪儿。如果他这次是来旅游观光的，你可以给他讲解些什么呢？

生：哪一处的绿化比较好，可以去哪里玩一玩等。

师：哦，一些景点的介绍。

生：我觉得还可以讲一些武汉的风土人情和武汉的发展变化。

师：可以介绍一些武汉的美食，并请他尝一尝。

生：我觉得可以给他讲解一下武汉的历史和著名的黄鹤楼。

师：其实顾老师来之前也对黄鹤楼满怀憧憬，因为它不止一次出现在诗文中，可惜这次时间匆忙，我去不了。希望下一次来武汉，我可以去黄鹤楼。如果客人想自己出去玩，但是对周围的交通不熟悉，你也可以介绍一下。再比如博物馆需要部分志愿讲解员，你可以先去博物馆参观，了解展品，再写成演讲稿，去做一名志愿讲解员。现在我们来看一看，怎样才能成为好的讲解员。

生：我觉得一个好的讲解员要有礼貌，并且从容不迫，不会因陌生人而紧张。

师：他得有礼貌、大方。还有吗？

生：他说话一定要流畅，吐词也要特别清楚。

师：吐词清楚很重要，如果吐词不清，讲解稿准备得再好也没有用。还有吗？

生：我觉得讲解前要做好充分准备，比如，上网搜寻一些有关的资料，从而让讲解过程变得更加顺利。

| 点 评 |

顾老师注重培养学生的自主学习意识，以关键问题"讲解员需要怎样的素质"为抓手，辅以范例，引导学生主动去探索讲解的要诀。

师：在上这节课之前，王老师已经让你们写了讲解稿，而且王老师还发给我看了。我发现你们写得都挺不错的。要成为一个优秀的讲解员，你觉得还需要具备什么素质？

生：我觉得还需要渊博的知识，那样才可以为你的讲解增彩，并且还要有口才。

师：我们说"腹有诗书气自华"，如果你积累了很多知识，讲起来就能出口成章。下面我们再来看一看，怎么进行讲解，需要做哪些准备。首先，你要确定好讲什么，再搜集一些相关文字、图片资料，如果有条件还可以去实地看一看，不然，讲解起来总会有那么几分隔阂存在。再来看一看我们还需要做什么。根据查到的资料列一个提纲，自己试着讲一讲。顾老师请王老师转告同学们，把自己的讲解稿提炼成提纲，你列好提纲了吗？

生：列好了。

| 点　评 |

　　五年级的学生已经具备了搜集、整理资料的能力，课前拟提纲，课上作指导，课内外很自然地衔接，增加了课容量。顾老师把课堂的每一分钟都花在了"刀刃"上。

师：其实你已经把讲解的准备工作进行得很充分了。那接下来就要开始练习讲解了。我们讲解的时候还要注意什么？再给几点小提示，比如，条理要清楚。刚才同学们也说了，优秀的讲解员讲得有层次，不能东一榔头西一棒的。语气、语速要适当，讲得太快别人听不清，讲得太慢，别人会觉得浪费时间。还可以适当地加上一些手势、动作、表情什么的，让你的讲解更生动。还有一点最最重要的：如果讲的内容别人一点都不感兴趣，你们就要及时调整，要讲别人感兴趣的内容。也就是说，要根据听众的反应来调整讲解的内容。因为你讲解的目的就是让别人听，别人不愿意听，这不就白讲了吗？如果有条件，我们可以做一些展板或者PPT。现在就请四人小组开始合作。怎么做呢？就把你课前准备的讲解稿讲给你组内的同学听一听。一位同学先讲，讲好了以后，听的同学要给讲的同学提出改进意见。听不明白的地方，听的同学要提出疑问。你觉得他讲解的过程中，哪些内容是大家都不感兴趣或特别感兴趣的，都要给他指出来。四人小组练习讲解。

（生分组练习讲解）

师：请你推荐出你这一小组最有实力的讲解员到前面，展示一下他的风采。大家在推的这些同学有要讲解武当山的，有要讲解长江大桥和博物馆的，还有没有其他内容？哦，还有要讲解故宫的。现在我们先暂定四位同学作为讲解员。作为听众，我们需要做什么？

生：我们要安静地听讲解员讲解。

师：首先是安静地听。还有吗？

生：听到不懂的内容可以举手问。

师：对，等他讲完了，你们可以举手提问。还需要做什么？

生：还可以从这个讲解员身上学习一些特别优秀的方面，并学以致用。

师：向他学习，学到的方法可以用在自己讲解时。

生：我们可以在他讲完之后做一个评价或表示赞赏。

师：是呀，我们要夸夸他，究竟哪里讲得好。先请你到前面来，一个优秀讲解员需要怎么做，还记得吗？

生：记得。发言时很大方，吐词很清晰，还要做到语速中等。要随机应变，就是如果看到大家对这一块内容不太感兴趣就略讲，或者直接跳过。

师：很期待你的讲解。

| 点 评 |

　　口语交际的核心是充分考虑听说双方的需求和特点。学生们明确听众的具体要求，学习讲解的妙招，既是为接下来的展评活动做铺垫，也让全体学生都站在了课堂的"正中央"，全程参与。

生：大家好，我是文子静。很荣幸今天来为大家介绍湖北省博物馆。湖北省博物馆是国家级博物馆，里面收藏了二十多万件文物，其中有很多青铜礼器，各朝各代的名人书画。比较著名的就是曾侯乙墓出土的文物。曾侯乙墓是战国早期曾国国君的一个陵墓。陵墓有东室、中室、西室和北室。东室里面放有主棺一具，陪棺八具。中室里放有大量的礼乐器。西室里放有陪棺十三具，北室里放有兵器、车马器和竹简。出土文物中很著名的一个是曾侯乙编钟。它一套共有65件，是目前现存最完整、最大的一套青铜编钟。编钟最高处达152厘米，和我差不多高。我的讲解结束了，谢谢大家。

师：谁先来点评一下我们这位小讲解员？你觉得她讲得怎么样？

生：我觉得她讲得很好。首先她介绍了曾侯乙墓，然后她再介绍墓里面有什么。我们感兴趣的内容她介绍得比较具体。

师：我发现她在说那个编钟高 152 厘米，就跟她自己差不多高的时候，很多同学微微一笑，为什么呢？

生：我觉得编钟那么高，其实挺让人震撼的。

师：她用自己的身高做了一个比较，就让你对高大的编钟有了直观感受。

生：我觉得她很有礼貌。先说很荣幸给我们讲解，讲的时候语速不快不慢，我们听得很清楚。

师：是呀，你往台上一站就有落落大方，我觉得你可以试一试到博物馆去当一名义务讲解员。好，后面的讲解员请继续。

生：大家好，我是夏梓明。今天我要介绍的景点是武当山。武当山有著名的景点——金顶。金顶位于武当山的最高峰，地处 1612 米的绝顶之上，只有登上金顶才真正意义上来到了武当山。武当山还有一个著名的景点是太子坡。太子坡又名复真观，是武当山建筑群中较大的单元。另外一个尽人皆知的景点叫紫霄宫。紫霄宫是明代建筑，占地面积约 27.4 万平方米，被皇帝封为紫霄府福地。在这里，游客可以看到武术表演。

师：听了他的介绍，你有什么疑问吗？有感兴趣的内容想多了解，或者有没听懂的内容都可以提问。

生：我感兴趣的内容就是夏梓明介绍的紫霄宫，它到底长什么样子？

生（讲解员）：紫霄宫是一座很高大的宫殿，你一进门就会看到一座桥，桥跨在湖上。过了桥，就有一个很大的石门，走进石门，登上台阶，就能看到武术表演了。

生：夏梓明同学说紫霄宫占地约 27.4 万平方米，我想知道它到底有多大，你能根据生活实际举个例子吗？

生（讲解员）：大概有我们 10 个操场那么大。

生：我听说紫霄宫的墙很高。我想问一下，为什么紫霄宫的墙那么高？

师：这个答案你知道吗？

生（讲解员）：这个我不知道。

师：课后我们可以再查查资料，为什么要把墙建那么高，是不是有什么特别的寓意或者功能。

生（讲解员）：太子坡的墙也非常特别。你站在太子坡的一边，另外一个人站在离太子坡墙很远的另一边对着墙说话，你一定能听见对面的声音，这是因为太子坡的墙构造很奇特。

师：下一次你到武当山游玩，记得到这个太子坡，试一试那面墙是不是像他介绍得这么神奇。刚才我在行间听到很多同学都在介绍武汉长江大桥，这地方我也没去过，希望通过你的介绍能让我仿佛游览了一次武汉长江大桥，好吗？

生：或许你们都去过长江大桥吧？夕阳下的长江大桥，很美，在长江大桥看夜景，也很美，对吧？我今天介绍的就是美丽的长江大桥。长江大桥是由水泥钢筋建成的。桥上的柱子很特别，入夜，当一盏盏灯亮起，就像是柱子上挂了一个个灯笼。每天来长江边看夕阳的人可真不少，粗壮的桥墩支撑着庞大的长江大桥，远远看去像一个巨大的"皿"字。长江大桥上面没有太多点缀，但这座朴素的大桥却使天堑变通途。一天经过长江大桥的车辆有一两万辆，一个月算下来就有四十多万辆，一年就有四百八十多万辆车经过长江大桥呢！

师：这位讲解员一开口就让人觉得亲切，"或许你们都去过长江大桥吧"，一下子就拉近了和听众之间的距离。

生：听了他的介绍，我的头脑中绘就了一幅宏伟的画面：一条青龙俯卧在江面上。他还用了列数字的方法，说明了长江大桥上车流量非常大，大桥让交通变得很便捷。

师：我还发现，他在尽量脱稿讲解，很好！

生：他一上来就落落大方，而且用了很多可以拉近与听众距离的语气词，让我们感觉很亲切。

生：这位讲解员说车流量之多，我觉得这一点不仅说明了长江大桥在交通方面的重要性，而且从侧面反映出了长江大桥的美丽，每年都有很多人来欣赏长江大桥的美景。

师：还有谁要来点评？

生：我觉得徐哲浩的讲解特别自然，像是在和我们聊天一样，很大方。

师：对，特别亲切自然，真的很棒，给他掌声。好，听听最后一位讲解员讲解的故宫。

生：想必大家都知道故宫，但你却不一定去过；即使去过，也不一定了解它的全部。如果你不知道，也没去过，那就请你听我讲解一番。

师：这个开头特别好！

生：北京故宫旧称"紫禁城"，是明清两代的皇宫，分为外朝和内廷两部分。外朝的中心为太和殿、中和殿、保和殿，称三大殿，是国家举行大典礼的地方。内廷的中心是乾清宫、交泰殿、坤宁宫，统称后三宫，是皇帝和皇后居住的正宫。故宫位于北京中轴线的中心，占地面积约72万平方米，南北长961米，东西宽753米。北京故宫里面有着许许多多的文物，现有藏品总量已达180余万件套，堪称艺术的宝库。谢谢大家。

师：他是第一个完全脱稿的讲解员，一开头就把大家给吸引住了。哪位同学来点评？

生：为什么故宫又叫紫禁城？

生（讲解员）：这个我也不知道。

生：因为古代讲究天人合一，天帝住的那个宫殿叫紫微宫，人间的皇帝又自诩为天子，所以把自己的皇宫命名为紫宫。皇帝的宫殿，常人又不能进去，所以名为紫禁。

师：他讲得很好，原来他是在故意考你。还有想点评的吗？

生：首先他能脱稿讲，这是很有勇气的。刚开头的那段话很幽默，让大家有想继续听的欲望，但是我认为，前面还是有对大家的问候比较好。

师：这个建议你接受吗？好，要先问候一下。

生：我觉得他讲解时用举例子的方法特别好。我有一个问题，紫禁城里有没有特别值得推荐的景点？

师：讲解员，你能不能用简洁的语言给他推荐推荐？

生（讲解员）：我觉得故宫最值得去看的是故宫博物院，里面有大量的国宝级文物，一边参观一边听讲解，一定会让你受益匪浅。

师：我国最珍贵的展品一部分收藏在故宫博物院，还有一部分收藏在台北故宫博物院。这些都是我们中国的宝贵文物。

生：我想给讲解员提一个建议：你可不可以介绍一下故宫客流量非常大的情况，不仅有国内的游人，还有许多国外的名人都慕名而来，这样可以从侧面表现故宫在我国的重要地位和它的宏伟壮观。

师：他教了你一招，通过中外游客多来突出故宫值得一游。我们可以对照这张评价表看看四位讲解员都做到了几条。他们是不是都是围绕主题讲的，条理清楚、重点突出，我看这点都做到了。语气、语速适当，有动作、表情辅助讲解，这一点我看做得也都还可以。能根据听众的反应及时调整讲解内容。刚才他们讲解的内容你们愿意听吗？

生：愿意。

| 点 评 |

在展评环节中，共有四位学生展示了自己的风采，另外有多名学生对讲解的礼仪、内容和方法技巧进行了有针对性的点评。在轻松有趣的交流中，学生对标讲解要求，内化讲解要诀，学习"根据听众反应及时调整讲解内容"。在顾老师轻巧的点拨下，学生表达欲望强烈，积极性高，练习面宽，这真是一堂扎实的言语实践课。

师：非常好。课后请把你们今天讲解的内容讲给你们的爸爸妈妈听，再做一回小小讲解员，好不好？

生：好。

师：暑期里大家可以争取到博物馆或景点申请做一名志愿讲解员。下课。

──────── 总 评 ────────

文如其人，课亦如其人。透过顾文艳老师的这堂口语交际课，我真切地体会到她坚定的儿童立场，她自始至终地让学生成为课堂的主角，想方设法地调动学生们表达的欲望，诚挚而努力。

针对学情，顾老师巧妙地设计"认识—学习—尝试—展评"的教学环节，过程环环相扣，螺旋提升，实效显著。她在课堂上有着多种身份：情境创设者、课堂推进者、探究合作者。她就像电影制作的幕后人员，不留痕迹地把40分钟交给了课堂的主人。学生们在真实的情境下自然而充分地互动，在互动交流中顺畅地解决问题，最终再轻松地回归生活。顾老师的教学似清风，如甘露，让学生大方地交流，有效地交际。

有效，源于顾老师的"四两拨千斤"。课始，开门见山："什么是讲解员？""做讲解员究竟要具备怎样的素质，怎样做才能成为一名合格甚至优秀的讲解员？"她用关键问题拎起教学主线，脉络清晰，毫不拖泥带水。顾老师的表达规范亲切，是同学们学习讲解的范本。在交流中，顾老师说，对于黄鹤楼，她一直憧憬，她希望下一次到武汉来有机会去看一看。三言两语间，便将生活植入课堂，听与说的需求就更明确了，学生们的学习有了真实性和互动性。

我尤其佩服这堂课的点评环节。这个往往被许多老师忽视、弱化的环节，在顾老师的课堂上反而成为本课的重中之重。学生们能在真实的言语实践平台上关注问题、大胆质疑，点评出大方得体的讲解礼仪，点评出紧密贴切的讲解内容，点评出理清条理、调整语速的讲解技巧。点评中，教学难点得以突破——根据听众反应及时调整讲解内容。因此，只有在学生们听与说的互动实践中，教师才能说得真，讲得活，学生们才能更好地学习与生活。

亲切平常，灵动扎实
——《父母之爱》教学实录及点评

点评：江苏省苏州工业园区金鸡湖学校　赵冬俊
地点：湖北省武汉光谷第十五小学

教学实录

师：刚才我看到一位同学的手指受伤了，我问她受伤的原因，她说："我去拿牙刷的时候，我爸的剃须刀在旁边，就把我的手给刮伤了。"其实我真的只是关心她为什么会受伤，但这位同学很敏感地问："老师，您问我这个是不是为上课找素材？"我说："不是找素材，平时我看到我们班孩子有谁受伤了，我也总要问怎么回事，为什么会受伤。"我刚才还看到大家带来了纸和笔过来，这节课纸和笔都用不上，我们只要用眼睛看、耳朵听、嘴巴来表达就可以了。今天我们要上课的题目是——

生：父母之爱。

| 点　评 |

有效交际的前提是开诚布公，敞开心扉。一个学生面对顾老师的关心，产生一丝"为上课找素材"的警惕。如此揣度老师的心理，无形中会与老师之间形成隐形的交流障碍。顾老师在真实的交际情境里描述这件事并澄清一个事实，为接下来良好的交际氛围做了铺垫。

师：如果现在让你回忆父母最打动你的场面、最能让你感受到他们的爱的场面，你想起的是什么。

生：小时候我生病感冒，我妈妈背着我到医院让医生给我治疗。

生：我有一次到外面去，下雨了。我爸爸和我共打一把伞，回家之后我发现，他有半边肩膀都淋湿了，但是我身上一点儿都没有湿。

师：他的伞一直在偏向你，对吧？还想到什么？

生：我有一次生了大病，然后我爸爸、妈妈背着我去医院，那时候是凌晨。

师：很多孩子夜里发烧，都是爸爸、妈妈背着上医院，这样的场景经常出现在同学们的作文中。包括那个倾斜的伞，爸爸、妈妈的衣服都淋湿了，自己的衣服一点都没有淋湿。其实在你们聊父母让你们感动的场面时，我想到了很多年前的一个身影。那时候，我十几岁，在读师范。我记得那是国庆节假期结束的时候，我父亲送我去车站。当时我把时间看错了，距离开车所剩时间不多，所以出发得匆匆忙忙。我父亲当时穿着拖鞋，袜子都没来得及穿，也没来得及换他的皮鞋，就急急忙忙蹬着他的自行车送我去车站。结果那天很不凑巧，我上车以后，司机准备出发时发现车出了故障，然后司机就找人来修。这个过程差不多有一个多小时。那个时候还没有手机，当这辆修好的车开出车站的时候，我随意地一抬头，猜猜我看到了什么？

| 点　评 |

　　交际就是说话，就是聊天，但课堂上的"口语交际"决不能停留在泛泛而谈的"浅层情感区"。交流父母之爱的感人画面时，学生的描述大多跟医院有关，跟雨有关，显然，这是浅层的。顾老师未雨绸缪，以自己的真实经历，参与这场有关父母之爱的口语交际。她的描述有细节，显画面，融真情，再加上一丝悬念，真的称得上"口语交际"的最好示范。

生：您的父亲在车站旁边看着您。

师：是的，我看到了我的父亲。他光着脚，穿着拖鞋，在秋风中站了一个多小时，他就在那儿等我乘坐的那辆车出来。当时我真的特别感动，眼泪忍不住落下来。后来我把这件事写成文章，在报纸上发表出来。再后来，我做了妈妈。看一看我的孩子在作文里怎样写我。这是他读小学时写的作文中的一段话，谁来读一读？

生：最初的记忆是这样一张画面：卧室里的那张大床，象牙白的颜色，小小的我，只占了四分之一的空间。床边坐着我的妈妈。她戴着粉色镜框的漂亮眼镜，给我读儿歌、绘本、童话……直到我在她轻柔的声音中慢慢睡着。

《猜猜我有多爱你》这本书，我和妈妈读了无数遍。那些美好的夜晚，我扮演小栗色兔子，妈妈扮演大栗色兔子。玩累了，妈妈把我抱到床上，低下头亲亲我，说完晚安，妈妈总是说："我爱你一直到月亮那里，再从月亮上回到这里来……"

师：在他的记忆中，可能我爱他的方式就是每晚给他讲故事。我记得他长大以后曾经和我聊过。他说："妈妈，像您这样的教育方式，小孩子想学坏都难。"我说："为什么呢？"他说："您总是叫我学好，要这样做，要那样做，都是正能量的传播，我想学坏不容易啊！"我说："那妈妈这样的教育方式是好，还是不好呢？"他说："总体来说挺好的，但是也有一点不好，我骨子里少了一点冒险精神。"我想想，可能就是因为做小学老师的缘故，对孩子，很多细小的事情我都会关注到。所以爸爸、妈妈们在表达爱的时候，方式不同。比如，刚才同学们交流中的爸爸、妈妈，比如，那个站在车站外的爸爸，那个给孩子读故事的妈妈。

| 点 评 |

没有父母不爱自己的孩子，但表达爱的方式却不尽相同。顾老师以自己的视角交流父爱，又以儿子的作文为话题，跟学生交流母爱，兼顾了交际主题中的"父"与"母"。顾老师的儿子写这篇习作时年龄与这些学生相仿，让学生有很强的代入感。且在这个材料中，作为一个具有理性精神的母亲，顾老师主动与孩子交流自己教育方式的优劣，并进行反思，这为下面的交际打下了"理性

基础"。

师：请大家看课本。在表达爱的时候，有这样几位父母，他们是这样做的。请你来说说你的看法，做得好，还是不好。我相信此时此刻，你一定有一些想法想要表达。这样，我们前后桌来讨论讨论这几位爸爸、妈妈的做法好在哪儿，不好在哪儿。

（生讨论）

师：好，先暂告一段落。刚才你们讨论得特别热烈。顾老师刚才听到，有的同学说："那个李刚爸爸不就像我爸爸一样吗？那个王小雅妈妈不就像我妈吗？"大家都觉得课本中的场景很熟悉，怎么就像说自家的事？既然你有这样一个爸，这样一个妈，肯定有很多话想要说一说。关于李刚爸爸的做法，你有什么看法？

生：我的看法就是，李刚爸爸的这种做法非常正常，因为好多家长都是这样的。

师：关于这个看上去很正常的行为，你咂咂嘴，那你有没有想法？

生：李刚成绩差的时候，李刚的爸爸严厉地批评他，导致他的成绩又提高了，但是过一段时间，李刚的爸爸没有管教李刚，他成绩又下滑了。就这样，成绩忽高忽低。

师：我想问一问，如果你就是那个李刚，你没考好，爸爸严厉地批评你，是不是只要他一骂，你的成绩就好了？成绩能被骂好吗？

生：反正，我好像就是这样的。

师：哦，一骂你你的成绩就好了。

生：反正严格管我的时候，我的各项成绩就好会好一些。

师：这个"管"你是不是就是骂你？

生：好像应该叫批评，不叫骂。

师：哦，那是不是只要爸爸一批评你，你的成绩就好了？

生：是的。过一段时间没管我，就又……

师：哦，你就是需要家长天天在耳边唠叨才能持续取得好的成绩，对吧？

| 点 评 |

　　学生对于父母的"批评式教育"习以为常,想法不多。顾老师捕捉交流时学生咂嘴这一细节,给他一个丰富自己想法的机会。这是一个老师应有的敏锐。当学生仍坚持自己的看法时,顾老师尊重他的看法,这是一个老师课堂中应有的从容与胸怀。

　　师:我们每个同学都可以有自己的想法。这位女生关于李刚的爸爸批评人的事,好像有不同的看法,我们来听听她怎么说。
　　生:我感觉李刚的爸爸做得不是很好。他应该搞清楚哪些知识李刚没搞懂,导致成绩不好,光批评成绩是提上不去的。
　　师:你的意思就是,爸爸首先要帮助李刚找到问题在哪里,甚至找到问题后,爸爸还可以——
　　生:和他一起解决。
　　师:和他一起解决这个问题,这时候,成绩上去就有可能了,成绩不是批评就能好的,对吧?爸爸批评了,找到原因后孩子自己努力地学,这样才能学好呀。还有谁有不同的想法?
　　生:我觉得李刚的爸爸如果总是批评李刚的话,李刚在学校了解到其他家长对待孩子友善的态度,就会产生爸爸不爱自己的心理,会导致对学习失去兴趣。
　　师:你觉得李刚爸爸的态度会让李刚怀疑爸爸对自己的爱。
　　生:如果李刚的成绩一下降爸爸就批评他,这会伤害李刚的自尊心。
　　师:自尊心受伤,那是很难抚平的。
　　生:爸爸对李刚说:"我们爱你,所以这么严格地要求你。"要求什么呢?仅仅要求李刚考试考得好?
　　师:我明白了,你的意思是李刚爸爸的爱是有条件的。
　　生:李刚爸爸的意思是李刚考得不好,他就会用严格要求的方式表达爱,但这种方式是我们很厌烦的。
　　师:李刚爸爸话中的爱,其实就是他教训孩子的一个理由。因为爱,所以要教训孩子。有了爱作为理由，似乎爸爸对孩子做什么都可以，批评可以，甚至打几下也是可以的。在座的各位同学，你们的爸爸、妈妈是不是也经常说："我这么做，还不是因为我爱你吗？"其实，有时候，爱也会变成一种伤害。有一位同学是这样评价李刚爸爸的这种做法的。首先，他认为李刚爸爸的教育方式是不对的。因为这样会让李刚产生一种畏惧心理。说不定一考试就开始紧张：万一考不好，回家又要挨爸爸批了。第二，他认为爸爸应该引导李刚找出失败的原因，就像你刚才说的，找出问题在哪儿，并且从中汲取教训。他还举了自己的例子，用了恰当的材料支持自己的观点。我们在讨论时也要学习用举例的方式支持自己的观点的做法，这样就会更有说服力。他举的例子是自己考得不好的时候，爸爸总是和他一起看试卷，分析答错题目的原因，并鼓励他继续努力。你们是喜欢严厉批评孩子的爸爸呢，还是喜欢帮助孩子解决问题的爸爸呢？当然，我们每个同学的观点都值得尊重。比如，刚才那个同学说只要爸爸批评，他的成绩就会提上来。我们尊重别人的观点，对别人的发言要给予积极的回应。我想问一问，如果我特别赞同你的观点，我可以怎样回应你？可以用语言，可以用动作，也可以用表情。

生：我觉得最好的方式就是鼓掌。

师：那接下来如果你认为谁说得很好，就主动去鼓掌，不要等我说"大家鼓鼓掌"，好吗？还可以怎样回应？

生：我觉得可以对他微笑着点头。

师：对呀，微笑着点点头，这也是一种回应。还可以怎样回应？

生：我们可以对他竖一个大拇指。

师：待会儿同学发言时，如果你觉得他特别棒，就用你喜欢的方式积极回应，好不好？

| 点 评 |

如何看待父母之爱的不同表达方式，教师无须特别教，学生就能凭直觉做出判断。但是，此时的判断与交流是直来直去的，缺乏层次与逻辑的。顾老师在与学生交流之后，恰到好处地给予追问或点评，让学生进一步明晰观点，看

到"批评式教育"可能带来的伤害。这个时候，学生的交流接近一种"不愤不启，不悱不发"的状态。顾老师不失时机地出示一位同学的评价作为示范，教给学生表达观点的具体方法。示范是最好的教学，而最好的示范又是"应时而来"的。

师：接下来我们讨论王小雅的妈妈和陈敏的爸爸的做法。关于这位妈妈，谁来发言？你对她的这种做法有什么看法？

生：我觉得王小雅的妈妈是不对的。因为这是一种溺爱，会让孩子失去提高自理能力的机会。

师：失去了学习的机会，自理能力就无法形成了，对吧？还有谁来谈谈？

生：首先，王小雅的妈妈对王小雅的溺爱是很不对的。因为王小雅慢慢长大，她的妈妈也会慢慢变老，没有办法再去帮助她，她只能自力更生。如果从小就被妈妈溺爱的话，长大以后可能就没有办法自己去解决生活上的一些困难。

师：（鼓掌）你们看，她不仅说了这样做不对，而且还假设了王小雅长大以后，当她妈妈老去，她会面对很多困难。这位同学能用材料来证明自己的观点。你们也很棒，用掌声给予了她积极的回应。好，关于王小雅妈妈，还有谁想要讲一讲？

| 点 评 |

　　示范的效果立竿见影。学生对王小雅妈妈的"爱"的评价有理有据，联系生活将这种爱定义为"溺爱"，再以假设的方式，想象溺爱的严重后果，以此支持自己的观点。这是日常口语水平的高品质提升，体现了口语交际课的价值与魅力。此外，学生的自发掌声，也是他们对别人发言的积极回应。

生：王小雅的妈妈对王小雅的这种爱是溺爱。而且这种溺爱像慢性毒药。就像刚刚那位同学说的，王小雅长大成人之后走上社会，很可能会因为社会压力而不堪一击。我觉得王小雅的妈妈是在害她。

| 点 评 |

  这位学生顺着前一个同学的"溺爱",将自己的观点表达得更加形象,是一种个性化的回应。同一观点的不同表达,形成了课堂口语交际的深层互动。

师:我要来点赞。她用"慢性毒药"来定义王小雅妈妈的行为,其实是一种比喻。她还能够做到首尾照应,一开始说溺爱是慢性毒药,最后再次阐明这个观点。而且,她还肯定了前面一位同学的说法,也是对前面一位同学的观点的回应,非常棒!

| 点 评 |

  顾老师对学生观点的积极回应才是真实的口语交际。这一段点评有理有据、滴水不漏。该生的形象比喻、严谨照应以及对前面同学的回应都被她灵敏的耳朵捕捉到了。可见,有效的口语交际离不开专注的"听"。

生:前面几位同学的观点我都支持。我补充一下,我觉得王小雅的妈妈每天帮她收拾房间,她可能是想让孩子生活在一个比较整洁的环境里。但我觉得这位妈妈应该教孩子自己收拾房间,这样,在妈妈无法帮王小雅收拾房间的情况下,王小雅可以自己来。而且王小雅她还可以举一反三,帮助妈妈做一些其他家务。

师:真好!这位同学首先分析了王小雅妈妈这样做的心理。她说是希望王小雅生活在一个干净整洁的环境里,但是她又给出了一个建议:不是妈妈代劳,妈妈应该教会王小雅怎么收拾房间,这样,在妈妈做不了这些事的时候,王小雅可以自己做。她不仅可以收拾自己的房间,还可以分担这个家的其他一些家务,这才是一个妈妈真正爱孩子的方式。对吗?

| 点 评 |

  前几位同学对王小雅妈妈的行为进行了有理有据的批判,第四位表达观点的学生则在批判的基础上,给出有情有味的建议,将"母爱"彰显。口语交际的教学目标不是让学生"伶牙俐齿""能说会道",而是在交际中形成能够智慧

解决实际问题的能力。

师：再来看一看这位爸爸的做法。刚才你们在讨论的时候，我在行间听，很多人都可喜欢这位爸爸了。喜欢这位爸爸的举举手。每个人都喜欢，好，手放下。陈敏的爸爸这样做，你们是赞许的，理由是什么呢？这边的同学还没怎么发言，我现在把话筒递给这边的同学。

生：我觉得陈敏的爸爸做得对，他是带着女儿放松一下。

师：在学习很累的情况下，爸爸周末会帮助孩子减压。还有吗？

生：我赞同那位同学的看法。但是我还有自己的想法。我觉得陈敏的爸爸做得非常对，因为我们需要劳逸结合。一周有七天，只有两天的休息时间。写完作业，家长可以带我们玩一玩，放松一下，不然的话压力就会很大。我们现在压力就很大，一天到晚学习，很累，有时候都会头痛。

师：给你一个建议。回家把陈敏爸爸的做法和你的爸爸聊一聊。你说我们全班同学都很希望有一个陈敏爸爸一样的爸爸。或许下一个周末，你爸爸就会带你去放松放松。好，还有谁想说？

生：我同意前面两位同学的说法，我还想补充一下。陈敏爸爸的做法不仅可以让陈敏劳逸结合，放松一下，下象棋还可以提升智力水平，可以让她的学习成绩变得更好。而且，她的爸爸晚上经常和她一起下棋，带她一起娱乐，她和爸爸的关系应该很好。

师：父女俩关系好，就可以更好地沟通。天天板着脸教育我的爸爸、从来不陪伴我的爸爸，他说的话我也不要听。对吧？这位同学不仅谈到了劳逸结合，还谈到了下象棋可以益智，陪伴可以促进亲子感情，很好！刚才顾老师建议大家能用一些材料来支持自己的观点，并且能对同伴的发言给予积极的回应。现在我们再一次进行四人小组讨论，除了这些爸爸妈妈的做法，还可以把自己爸爸妈妈的做法加入你们讨论的范围。两个提示：首先，你要用一些材料来证明你自己的观点；其次，对于同伴的发言，你要给予回应。四人小组讨论，开始。

点 评

口语交际是最具"实战"性质的课程。学生具备了初步的交际方法之后，必须匹配相应的交际活动。这里，顾老师没有见好就收，而是将虚拟的话题变成学生自己的现实话题，让每个人学生经历交际的过程，再次体现了她明确的课程目标。

师：好，我们先暂停一下，这次讨论得更热烈，我分析了一下原因。刚才我们讨论的是李刚的爸爸、王小雅的妈妈和陈敏的爸爸，而这一次，我们说的都是自己的爸爸和妈妈，所以有更多话要讲。好，先看第一问。你们在生活中遇到类似的事情，就是遇到李刚、王小雅、陈敏那样的事情的时候，你们是怎么想，又是怎么做的？

生：在我成绩不好的时候，我妈妈就会说我这不会那不会，但是我问她题目时，她都回答不出来，那种感觉我特别烦，但是又不敢反驳她。

师：心里很烦，甚至有一种反感在，但是只能忍着不说，因为她是妈妈，对不对？好，还有谁，就这样来交流。说说遇到什么情况的时候，你怎么想的，怎么做的。

生：有一次我伯伯来我家，我妈很热情，想着我们全家一起去一个地方玩。在讨论时，我跟我妈说，我想去欢乐谷，可是伯伯说他想去东湖散散步。平时我妈总是听我的建议，但伯伯一来，我妈却说伯伯第一次来我们家，应该陪伯伯去他想去的地方。我刚想反驳，我妈就说，哎呀！你这小孩，怎么越来越叛逆了？怎么能这样？说了一大堆批评我的话。

师：这位伯伯是远道而来吗？

（生点头）

师：伯伯远道而来，妈妈要尽地主之谊，陪他看看美丽的武汉。这位同学想去欢乐谷，伯伯想去东湖，这时候就有了矛盾。那你们认为，这个时候妈妈该怎么做才合适？我们先听听大家的想法。

生：我觉得应该顺从伯伯的想法，因为是家里的亲戚，又是远道而来，应该满足伯伯的心愿。自己想去欢乐谷的话，可以以后再去。

师：如果妈妈不批评你，也不说"你这个小孩，怎么越来越叛逆了？"妈妈只说："这一周呢，我们就陪伯伯，因为他远道而来；下一周我陪你去欢乐谷。"这样的话你能接受吗？

生：可以。

师：嗯。虽然妈妈这样做是对的，但她如果换一种方式与你沟通，你就更容易接受了。

| 点 评 |

　　日常的口语交际是即时性的，常常缺乏字斟句酌的严谨与妥帖。在学生的描述中，妈妈一出口就给他扣上"叛逆"的帽子是引起学生不满的关键所在。但交际者对自身语言存在的缺憾并没有意识。而当学生将之描述出来，再加上顾老师的耐心分析，这个交际过程便具有了"反思性"和"建设性"。在这个过程中，学生能知道如何有理有据、有温情地否定他人，表达自己的观点。

生：我妈妈每次看到朋友圈里别人家的孩子考得好，就会说："你看别人怎么考得这么好？你一天到晚只知道吃和睡。"有一次，我反驳她说："那你看看别人的妈妈呀，人家做得这么好，你为什么做得不好？"她就说："我是你妈呀，我把你生下来，供你吃、供你喝，你怎么还说我？"那时候我特别生气，为什么你拿我和别的孩子比较可以，我拿你和别的妈妈比较就不可以呢？

师：你说这件事的时候，我突然想到很多年前的一件事。我儿子上小学二年级的时候转到一所新学校，刚开始还不太适应。那时候的我曾经犯过一个错，跟你妈妈一样。我说："人家作业做得那么快，为什么你总是没他做得快？"后来他说了一句话，我觉得是教育了我，改变了我对他的态度，甚至改变了我的整个教育观。他说："妈妈，请不要用别人的长处来比我的短处。你说的那个同学，他做作业是快，但是我告诉你，他做了 10 条，交上去后最起码有 5 条是错的。退回来订正，再交上去，还要错 3 条，再退来订正。虽然我交得比他迟，但是我交上去 10 条作业，10 条全对。"听了他的这番话，我顿时觉得他才是我的老师，他教育了我。的确，我不应该用别人家孩子的长处来和自己家孩子的短处相比较，我要发现自己孩子身上的优点。对自己的孩子的长处予以肯定，孩子就会充满信心，努力地成为更加优秀的自己。我看你刚才微笑地对我点点头，你赞同我的这种说法，对吗？如果你赞同我的观点，如果下一次你的爸爸妈妈再拿别人家的孩子与你相比较的时候，你就可以把顾老师的这个故事讲给他们听一听，好不好？还有谁？我们继续交流。

| 点　评 |

　　顾老师是交际活动的组织者、参与者，更是交际的解惑者。当学生与妈妈之间出现交际障碍时，顾老师用自己与儿子的故事给所有学生以启发。讲故事，其实也是选择恰当的材料支持自己的观点。这个故事虽然不能改变"上一次"，但一定可以解决"下一次"。这样的口语交际课，能让学生感受到口语交际的力量，发现口语交际的实用性，学生怎么会不喜欢口语交际课呢？

生：我现在已经是一个五年级的小学生了，学业负担是很重的。现在的成绩关乎着日后的小升初，所以现在我妈妈对我的态度和以前大不相同。一、二、三、四年级的时候，她对我的管理比较松，只要我把老师布置的作业写完，她布置的任务完成，就可以去玩。但是到了五年级以后，她对我的态度有所改变，她会给我买很多辅导书。每天我不仅要把学校的作业写完，还要做我妈妈给我买的辅导书。我每天至少要学习到晚上十点多。我妈妈告诉我，我现在的主要任务就是学习，其他的事由她代劳。她帮我收拾房间，帮我叠被子，帮我收拾衣服。虽然我不赞成她的做法，但我不敢去反驳。因为只要我一反驳，我妈妈就会很生气。我只能默默地看着她帮我把被子叠了，把衣服整理好了，把水果洗了切好，我就在旁边学习。我现在回家以后第一件事不是去洗澡，不是去换衣服，我回家以后第一件事就是去学习。

师：孩子，我想抱抱你！其实有很多家长在用和这位家长非常相似的方式爱着你们。他们以为：我把所有的事情全做完，把你的时间节约下来，让你去补习，让你去做很多题，这都是为了你好。但是其实我想问一问，你补了那么多课，做了那么多题，对提高你学习成绩作用到底大不大。

生：不大。但是我妈妈听信了别人的话，觉得如果我上了这个补习班，我的成绩可能会像坐上火箭一样飞速提高，但事实不然。

师：事实不然，你可以用这样一个事实和你妈妈沟通一下。你不要用反驳的方式，因为你刚才说了，反驳妈妈，她会生气。找一个契机，比如，某一天妈妈心情很好，你跟她说："妈妈，今天我想和你聊聊天。"然后把你心里的想法说出来，包括你看到的她为你所做的一切和你心里感动又矛盾的思想。如果你觉得直接说出来妈妈不太能够接受的话，还可以换一种方式，给妈妈写信。我和我的儿子沟通也经常会用到笔谈的方式。我觉得你也可以试一试。

生：我爸爸特别喜欢在朋友圈炫耀我，在朋友圈里聊我的状况。有的时候，我考得不好了，或者可能有什么事情做错了，他就会说："你这个做得不好，那个做得不好，这让我怎么在朋友圈里炫耀，你让我的面子挂在哪里？"

师：爸爸说这些的时候，你心里有什么想法？

生：我感觉他是特别要面子的爸爸。在朋友圈里父慈女孝，夸我什么都做得特别好，但是日常生活中却常常说我这个不好那个不好。

师：我听明白了。她爸爸在朋友圈总是炫耀她，显得一团和气；可事实是，万一有什么做得不够好，就免不了一顿批评。你可以建议爸爸，如果想炫耀，不一定炫耀自己的女儿，可以炫耀自己在工作上取得的成绩。还可以对爸爸说，既然在朋友圈展示的是我们和和气气，希望生活中也真能如此。刚才我们聊了很多你和父母的故事，还有很多同学想聊，可是下课的时间已经到了，只能遗憾地和大家说再见。课后呢，你可以多和父母进行沟通，也可以将这一课的收获写在日记里。还可以给爸爸妈妈写一封信，把你心里的想法告诉他们。其实，你的爸爸妈妈真的很爱你。刚才有个同学说她的妈妈工作很辛苦，下班以后有时候会将不良情绪发泄到她的身上。我就告诉她：妈妈上班很累，下班后还有一大堆家务在等着她，你可以主动地帮妈妈分担一点家务，或许她的心情能变得好一些。这一节课就上到这里。

|点 评|

　　高尔基说："爱孩子这是母鸡也会的事。可是，要善于教育他们，这就是国家的一件大事了，这需要才能和渊博的生活知识。"顾老师这节口语交际课是指向"一件大事"的课。她讲述的那些故事都可以成为学生日后交际的支持材料；她教给的那些方法都可以成为学生化解矛盾与纷争的智慧。更为重要的是，顾老师始终强调"爸爸妈妈真的很爱你"，在这个前提下，父母与子女就会进行理性沟通，"爱"就会双向奔赴。顾老师的课虽短但韵无穷，这节口语交际课一定会融于孩子的生命与生活里。

———— 总 评 ————

亲切平常，灵动扎实
——评口语交际《父母之爱》

　　口语交际教学在语文教学中常处于边缘地带。很多老师觉得，教与不教，学生的口语交际水平看不出什么改变。顾文艳的《父母之爱》亲切平常而又灵动扎实，让我们看到口语交际教学的魅力。顾老师是如何做到的呢？

　　一、以"交际"创设交际情境

　　口语交际教学应在具体的交际情境中进行。这个情境可以通过图片、视频、音频等手段来实现，但最为重要的是通过"交际"本身自然形成。顾老师是一个善于"交际"、善于"讲故事"的老师，她温和的谈吐，深情的讲述，机敏的应答，即时的点拨，时时刻刻让学生处于口语交际的现场。课堂上，顾老师是"教者""指导者"，也是一个与学生平等的"交际者"。她与学生分享父爱与母爱的感人画面，全是从"我"出发，真诚地讲述自己的故事。这些交际内容实实在在，接近日常，能让学生敞开心扉，畅所欲言。即使作为"指导者"，顾老师也以她高超的交际技巧，耐心倾听学生发言，并能根据学生的话语、神态等理解他们的观点。顾老师的交际语言，对学生来说既是一种示范，更是一种理想情境。她的那些语言看似随意，其实很多内容都是经过锤炼的、有备而来的。所以，要提高口语交际课的有效性，首先要做的是将自己锤炼成顾老师那样的具有高超交际素养的人。

二、以"活动"深化交际要领

本课需要学生领会的交际要领,即"选择恰当的材料支持自己的观点""尊重别人的观点,对别人的发言给予积极回应"。这些要领光凭教师口述与学生记忆无法深入学生们的内心,形成交际素养。顾老师将这两个要领巧妙地融于"交际活动"之中,让学生自然领悟,难以忘记。比如,顾老师提醒学生用鼓掌回应别人的发言时强调"自己主动",而不是听从教者的指令。当学生以自发的掌声赞赏同伴的观点,这就是他们在具体的活动中对发言者的积极回应。而对于接受掌声的发言者来说,更是莫大的鼓励,甚至终生难忘。当学生能以"材料支持自己的观点"时,顾老师反反复复即时点评,这种"活动化"的点评,既是赞扬,更是对交际要领的强化。

三、以"逻辑"达成交际目标

作为教学活动的"口语交际"与日常口语交际有诸多不同,它担负着特定的教学任务,如《父母之爱》意在提高学生围绕观点选取材料的能力,进而全面、深刻地理解父母之爱,最终有能力与亲人讨论不明智的"父母之爱"。顾老师的课在目标达成上自有她严密的逻辑,起承转合、巧妙自然。开始,回忆父母之爱,重点强调父母的无私与伟大;接着,从自己儿子委婉的话中提出,"父母之爱"也有可能束缚或制约孩子的自由发展;再让学生联系教材呈现的事例交流自己的观点;最后,让学生联系自己的事例交流对"父母之爱"的看法。每一次交际实践,既有面对面、一对一的对话,又有面向全体的小组练习。口语交际课的"全面性""实践性""思辨性"在顾老师的课堂得到生动体现。

口语交际,最终走向生活,走向自我。这是口语交际的最终目标。顾老师的口语交际课不局限于课堂,她循序渐进,将交际之流引向生活。这种"逻辑"合理清晰,能给教师以深刻的启迪。

在分享中实现"交际"
——《同读一本书》教学实录及点评

点评：浙江省杭州市临安区钱锦学校　钱　娟
地点：湖北省天门市天宜学校

―――――― **教学实录** ――――――

师：你们同读过哪些书，可以告诉老师吗？
生：我们读过《鲁滨逊漂流记》。
师：还有吗？
生：还有《骑鹅旅行记》《木偶奇遇记》。
师：都是什么"记"。
生：还有《汤姆历险记》。
师：又是"记"。还有没有同读过其他书呢？
生：还有《爱丽丝漫游奇境》。
生：《西游记》。
师：又是"记"了。
生：《水浒传》。
生：《红楼梦》。
生：《西游记》。

师：四大名著你们是不是都读过了？刚才那位同学也说了《西游记》。我想问一问，你们同读一本书后，有没有交流过阅读感悟？有没有什么收获？是否组织过读书分享活动？

生：我们班会时进行过读书分享会，分享自己的心得体会。

师：能告诉我，你们的分享会有怎样的流程吗？

生：就是说一说，你读这本书，喜欢哪一个段落，你觉得这个段落体现了主人公怎样的形象。

师：也就是说每个人分享自己的读书感受，对吗？除了读书分享会，还有哪些分享活动呢？

生：还有写读书笔记。

师：你写过哪些读书笔记？

生：写过《红楼梦》《城南旧事》，还有《鲁滨逊漂流记》的读书笔记。

师：都写过，是吗？有机会我想请你们李老师发一些比较优秀的读书笔记给我，顾老师帮你们投稿。今天我们就来重温你们读过的《鲁滨逊漂流记》，好不好？

生：好。

师：刚才你们分享了一些你们班的读书活动，我也分享一下我们班孩子的读书活动。（出示视频）你们看，他分享的是哪一本书？

生：《夏洛的网》。

师：我们班在同读一本书之前，我会选出几位导读员推荐将要同读的书。知道什么叫导读员吗？猜一猜，就像超市里面的导购，医院里面的导医，你觉得导读员是做什么的？

生：我认为应该是告诉其他同学怎么读书吧。

师：还有谁来说一下，你认为什么是导读员。

生：引导同学进入书里面的人。

师：引导他们，对不对？是的，其实这些导读员在同读一本书之前先要把这本书读一读，然后他们可以选出书中最有意思的段落推荐给大家。就比如导读员把书中最好玩、最有趣的一段讲给你听，可是后面的故事他不讲了，那你会怎么做呢？

生：自己去读。

师：对啊，肯定要想办法把这本书也找过来，接着读下去，你肯定想知道故事的结局是什么。所以，导读员导读的目的就在这儿。（出示视频）你们看，这是有一年暑假的时候，我们班的两位小导读员先读了《夏洛的网》，然后他们给大家介绍了这本书中有趣的情节。每个同学都领到了家委会帮他们购买的《夏洛的网》。他们在暑假里一起阅读，开学以后，我们就会分享读这本书的收获。

师：（出示视频）再猜一猜他们在干什么呢，也是关于读书的活动。

生：老师，我认为，这应该是在表演吧。

师：他们在排练。猜一猜他们排练的剧目来自哪里。

生：《夏洛的网》。

师：不是《夏洛的网》，是另外一本书。他们读了这本书以后就把它改编成课本剧。只要这个剧本是全班选出来的，我们一般会选 A 版和 B 版两个版本的剧本。被选中的剧本的作者就是导演，他可以在全班挑选演员，大家一起来排演。如果你们感兴趣的话，也可以试一试，在你读过的书中，哪怕不是整本书，选择其中某一个章节，把它改写成剧本，大家来演一演。还可以穿上剧中人物的服饰等，入情入境，很有意思。刚才我们交流的都是一些阅读分享活动。这段话，谁来读一读？

生：阅读往往能唤起读者独特的感受与理解，即使读同一本书，不同的读者，心得体会也可能不一样。让我们一起来开展班级读书会，围绕一本书交流读书心得，分享阅读的收获。

师：这段话里面有一个很关键的词，是哪个词？

生：独特。

师：对。"独特"在这里的意思就是，我的理解和你的理解不一样，你的理解和他的理解也不一样。每个人都会有自己的理解，"一千个读者，一千个哈姆雷特"。知道哈姆雷特是谁吗？他是莎士比亚作品中的一个人物。这句话的意思是一千个读者可以有一千种体会。我们全班有 40 个学生，就可以有 40

种想法，甚至一个人还可以有多种想法，超过40种想法。所以今天顾老师特别希望大家能把自己在阅读《鲁滨逊漂流记》时的独特的想法分享出来。或许，你的想法会激发同学们产生另一个新的想法。这本书想必大家早就熟悉了，你们阅读的版本是不一样的，但主要故事情节是相同的。我们先来听听这两位同学的分享，想一想、说一说这两位同学在交流读书体会的时候有哪些值得你学习的地方。

（两生交流自己的读书体会）

生：用了一些原文来表明自己的观点。

师：也就是说，用了原文中的一些材料来证明自己的观点，对吗？好的。还有什么值得你学习的呢？既然是口语交际，那是不是要有回应？看一看这两位同学在交流时，他们有没有回应呢？

生：他们有回应。因为那个男同学说了"他很乐观"，那个女同学也回应他"说得有道理，乐观是他能够在荒岛上生存下来的重要因素"。

师：你听得很仔细。她的第一句话其实就是在回应那位男同学说的话，表示赞同。接下来她又说了一段话，其实就是对那位男同学说的内容进行了补充。在交流时，可以用上原文中的材料，这就是顾老师请你们李老师让你们每个人都把书带过来的原因。你可以用书中的材料来证明你的观点。当同学发言时，你要对他的观点做一个回应：我是同意你的观点的，我还有补充；我是不同意你的观点的，我有这样的理由。明白了吗？课本中列举了一些我们可以交流的话题，我请这一组的同学来传递话筒，把这些话题一个人一行来读一读，好吧？

生：这本书讲了一个什么样的故事？

生：你怎么评价主人公？你对哪一个人物印象最深？为什么？

生：有没有什么地方让你觉得困惑，或是感到奇怪？有没有完全出乎意料、令人感到不可思议的情节？

生：读到这本书的时候，你想到了哪些相似的书，或者是想到了生活中的哪些人？

生：故事的结局你喜欢吗？如果让你来写这个故事，你会怎样写？

师：你们读完了，但下面还有一个省略号，这个省略号写在这儿的用意何在？

生：还有其他许多话题。

师：对呀，我们还可以讨论其他话题。谁来说一说，还可以讨论什么？我先开一个头，你还读过这位作者的其他作品吗？另一部作品又讲了什么呢？

生：还可以讨论，从这本书中可以看出作者是一个什么样的人。

师：很棒，作者写作也是在表达自己的观点。你能不能从作品中推断出作者是一个什么样的人？很有意思的话题。还有吗？

生：我们需要向鲁滨逊学习吗？为什么？

师：还有吗？

生：读了这本书，你有什么样的收获？

师：还有没有？

生：书中的鲁滨逊在现实生活中的原型是谁？

师：好。还有吗？

生：假如你流落到了荒岛，你会怎么办？

师：对，把自己代入进去想一想。此时此刻，有这么多可以讨论的话题，告诉我，你们现在最想做什么？有这么多话题，你最想聊什么？想不想和同学们来互动讨论一下？

生：想。

师：那现在就把时间交给你们。怎么讨论呢？四人一小组，前面的同学向后转，四人小组在屏幕上列出的这些话题，还有自己想到的话题中挑你们最感兴趣的聊。注意四人小组交流的时候，一个人先来讲，其他三位同学除了听，还要做出回应、评价。觉得发言的同学说得对或是不对，自己有一个什么样的观点，都可以适时表达，这样的交流才叫交际。不然一人说，三人听，没有回应，那就达不成同读交际的效果。我们要通过对话让大家对这本书有更深刻的理解。

（生分组讨论）

师：刚才顾老师也在行间听，也在和你们一起讨论。看你们讨论得那么热烈，我实在不忍心拍手掌让你们停止，但毕竟时间是有限的。待会儿你们可以把讨论的现场移到前面来。我先来问一问，哪一组四位同学都很愿意来前面展示？你们四个同学都举起手来，好，你们这一组先来。带上你们讨论的记录本，也可以把书带过来。我想问一问，其他组的同学在听的时候，你们发言组需要做什么呢？

生：倾听，发现一些不充分的地方，帮发言人补充。

师：首先是倾听，其次，对发言做一个补充。很好。你们四位，话筒先交给谁？

生：我们小组一致认为这本书讲述了英国人鲁滨逊因不听父母的劝告硬要航海，在一次前往非洲的途中，遇到风浪流落到荒岛的故事。在途中，他救助了一个野人，叫星期五。他们又遇到一个叛乱船长，救了船长。鲁滨逊28年后回到了英国。

师：你们现在就是按照这个顺序来交流的吗？不一定所有的话题都交流，跟必答题似的。挑最感兴趣的来回答。好，接下来，话筒交给谁？

生：我们小组有一个疑问：在鲁滨逊他们回到英国之后，他们选择走陆地去另一个国家，在途中，他们遇到了一只熊，原本可以不招惹它直接走掉的，但是星期五硬是要上去把它打败，说是要让大家乐和乐和。在我的印象里，星期五是一个忠诚、听话的人，但是在这里，星期五没有经过鲁滨逊的同意就擅自去和那个熊展开了战斗。这就是我们的疑惑。

师：这个疑惑在你们小组内有没有得到答案？没有。现在，我把这个疑惑交给大家。那么忠诚、那么听话的星期五，应该什么事都听鲁滨逊的，为什么偏偏在这件事上做出了反常的举动？你们有没有答案可以给他们？很多同学在翻书了，很好，我们可以从书中去找答案。如果书中没有明确的答案，你们也可以推论，用自己的理解来回答这个问题。

生：老师，我觉得是每一个人都有兴奋的时候，像这个时候应该是星期五最兴奋、最激动的时刻，所以他才会忘记鲁滨逊的话。

师：可以接受她的想法吗？

生：可以。

师：每个人都有兴奋或者情绪失控的时候，比如一个很乖的孩子，平时在家爸爸妈妈说什么听什么。某一天，心情很不好，又有一件事情触发了他，他突然跟爸爸妈妈吵了起来，这完全有可能，对不对？你能接受吗？

生：能。

师：还有这位同学，你有什么想法？

生：我认为鲁滨逊他们回乡的途中太枯燥无味，星期五决定让他们笑一笑，乐和乐和。

师：也就是说，他的这个行为不是为自己，而是为大家。为大家找一点乐趣。你能接受吗？

生：老师，我认为他们肚子都饿了，想打一只熊吃。

师：哦，其实是为了解决温饱之需，这是你的理解。

生：我认为在星期五要和熊战斗的时候，鲁滨逊没有去制止他，星期五可能觉得鲁滨逊是同意他这样做的。

师：默许，对吧？

生：每个人都有想证明自己的时候，星期五做这件事就是想证明自己很勇敢吧。

师：这个时候他不是情绪失控，而是一种有意识的行为，为了证明自己。这又是一个不一样的想法，很棒！

生：刚刚鲁滨逊和他的大仇人三只狼展开了激烈的斗争。星期五为了缓解紧张的气氛，跟鲁滨逊开了一个玩笑。

师：两位同学的答案有点像。一个是找点乐趣，另一个是缓解紧张的氛围，很好。你看，关于你提出的这个问题，你的同学们给出了这么多答案。告诉我，你比较倾向于哪几种理由？

生：我还是比较倾向于情绪失控。

师：哦，你认为星期五没有那么复杂的心理活动，比如，我要证明自己，比如我要为大家找乐趣，就只是一种情绪失控，是吗？好的。每个人都可以有自己的理解，我想听听你们组的其他成员的看法。

生：我认为星期五当时可能是——

师：同学们的那些理解你更偏向于哪一种？

生：我更偏向于鲁滨逊觉得特别寂寞，星期五也就想乐和乐和，开开玩笑，缓解一下气氛。

师：星期五想找一个乐趣，为大家，对吧。你呢？

生：我认同他的观点。

师：你呢？

生：我也认同他的观点。

师：好，看来即使是同一组同学，他们对于同一个问题都有不同的理解。所以我们交流的意义就在于此。一个人可能只有一种答案，但这么多人就能想出多种答案，在这种情况下，1+1或许就大于2了。好，继续。

生：我们小组在读这本书的时候想到了其他相似的书，比如《汤姆·索亚历险记》和《尼尔斯骑鹅旅行记》。

师：他们说，他们在读这本书的时候又想到了很多"记"。其实你们小组在说到这条的时候，当时我正好在听，我说了什么你们还记得吗？

生：很多成长类小说都是这样子的。主人公比较相似，由一开始的不听话、不懂事到后来经历了一些事情之后，慢慢成长。

师：对了，我当时还举了一个例子，比如，《尼尔斯骑鹅旅行记》中，本来尼尔斯调皮捣蛋，不爱学习，还捉弄小动物，但是他在骑鹅旅行的这段历程中成长了，对不对？他已经不再是原来的那个尼尔斯了。这种成长小说都有这样的桥段。我还跟你们开了一个玩笑，我说既然都是这样的套路，那咱们也可以写一本成长小说了。

生：我们小组一致认为，鲁滨逊是一个勇敢机智、坚韧不屈的人。在荒岛上生活这么多年，他并没有屈服于命运的安排，而是敢于与大自然做斗争，我觉得这种精神非常值得我们学习。

师：好的。我们感谢这四位同学的展示，谢谢你们！其实刚才听你们讨论，我觉得每一组都非常优秀。比如这一组，重点在分析主人公上。可以把你们刚才讨论的内容和大家分享一下吗？

生：我认为星期五的特点就是忠诚。鲁滨逊虽然表面上把星期五当作朋友，但在内心世界里还是把他看作仆人。在星期五的帮助下，鲁滨逊不但救了白人，还救了星期五的父亲，可以说是战果辉煌。面对臣服于自己的三个人，他内心的占有欲又开始不断地升腾。值得注意的是，鲁滨逊打死了那么多人，但是他没有一点愧疚，反倒觉得自己做了很伟大的事情，而且把荒岛当作他的领地、国土，而他就是国王。所有人，包括黑人、星期五，都忠诚于他。他身上还有一些对黑人的种族歧视和殖民者的残暴习气。我的发言完毕。

生：我的观点和她的不一样，我觉得鲁滨逊是一个勇敢勤劳、智慧超群的人。他在那么危难的条件下都没有屈服于命运，勇敢地面对现实。

生：我认为鲁滨逊身上的确有着殖民主义者的残暴习气。因为他对打死人这件事是没有一点愧疚的。就像我们杀死羊和牛吃肉一样。

生：因为人多少都有占有欲，就像鲁滨逊对星期五的占有欲。

师：我们先交流一下这个话题，然后你把疑惑提出来。刚才这四位同学都对鲁滨逊的人性进行了深入分析，可能你在读这本书的时候，没有产生刚才这组同学的观点。我们都在讨论鲁滨逊怎样乐观、怎样勇敢，如何克服困难。但是这组同学从鲁滨逊和星期五相处时不自觉的心理优势上谈到了人性的复杂，我觉得这一点也可以作为咱们讨论的一个话题。

生：我还有一个疑惑。星期五和他的父亲要回到家乡时，鲁滨逊很不开心，不想让星期五回去。那时鲁滨逊的占有欲非常强烈。星期五从来没有背叛过他，但是鲁滨逊已经认定星期五是想背叛自己：从自己身边离开，逃去他的故乡。我的疑惑就是鲁滨逊会不会不再信任别人，就像《三国》里的曹操一样，一直提防着别人。

师：她用另外一部名著中的人物来联想鲁滨逊这个人物，她在这两个人物之间搭起了一座桥梁，我觉得这种阅读的方法值得大家学习。你也可以从一系列作品中找到两个性格比较相似的人物进行对比分析。究竟鲁滨逊的人性复杂在哪儿，这几位同学说得是否有道理，包括我们刚才谈到的星期五的背叛这个问题，都留到你们课后去讨论。我真的觉得你们的发言特别精彩，如果这节课继续上下去，我们可以交流讨论半天，呈现给听课老师更多精彩。但是下课时间已经到了，所以我们先请台上的同学回到自己的座位上。最后我也留一个话题，你们来讨论一下。有人这样说过："《鲁滨逊漂流记》是男孩子必读的书。"你赞同这个观点吗？为什么？好，这一节课就上到这儿了。

点　评

在分享中实现"交际"

在我印象里，顾老师的课堂与她散发的气质一样，温润如玉，清新淡雅。常听顾老师的诗歌课，很少观摩到其他课型，原以为这些所谓的"其他课型"是她的"短板"。实则不然，近日听得一节口语交际课，竟有耳目一新之感，原来口语交际课她也能上得这么好。

"尊重"永远是她课堂的主旋律。课上师生如朋友般对话，你说你的想法，我只管倾听、补充、评价，大家在各抒己见中达成共识，这不正是口语交际课最高的教学境界吗？

统编教材六年级下册第二单元《同读一本书》属独白式口语交际。但口语交际课的核心又在于"交际"，表达与倾听是必不可少的交际形式。表达体现为"我说你听"，倾听体现为"我听你说"，这是一种互动的关系。除了听，听者要适时做出回应、评价或者补充。因为真正的独白式口语交际并非自说自话式的讲述，而是为了谋求听者的理解与认同，有更丰富的交际性。

一、关注学程，建构起"交际"之路

《义务教育语文课程标准（2022年版）》第三学段"表达与交流"中有明确要求，"听人说话认真、耐心""参与讨论，敢于发表自己的意见，说清自己的观点""乐于表达，与人交流能尊重和理解对方"。较之前两个学段，对听与说的要求层次上有了螺旋式提升，不仅要学生会说、会听，还要注重与人交往的艺术。特别是在"说"的层面，除了要求培养学生口头表达能力，更重要的是要培养学生在交际过程中与人恰当交流的意识与能力。

回顾整个教学流程，本堂课的设计有三个层次：第一层，谈已有的读书交流活动经验，从"同读过什么书"，到"同读后有什么分享活动"（导读员的作用，课本剧的排练），引出"独特的感受与理解"。第二层，借助示例，明确交际目的，习得交际策略。如何说？如何说好？顾老师播放学生交流读书体会的视频，一方面给出示范，另

一方面降低交际难度，为提升交际品质帮助学生做好心理与技巧上的准备，也正好回应了阅读小贴士中所指向的教的目标、说的要求、评的标准。第三层，在交际实践的过程中，提升对"独特的感受与理解"的认识。学生明确教材中可以围绕哪些话题交流读书心得，从省略号中延伸出"其他话题"后，四人小组找到自己感兴趣的话题，交流想法与感受。在学生讨论结果时，阅读也走向深处，不再局限人物的特点，更注重对人性的挖掘；不再限制于就书谈书，而是将阅读视野拓宽，引出其他相关的书籍……在入情入境的思辨中搜索、组织、运用语言，增强语感，优化输出。可以说，这是自我建构的全过程，在否定之否定中不断完善自己对一本书的理解。

二、精选话题，展现"让说"成果

口语交际教学就是围绕着一个个话题一轮轮地展开。形式上如何推进，内容上如何分享，教材中给出不少建议，比如，"可以从书中找出例子证明自己的观点""要勇于表达自己的真实想法，哪怕你的想法与大多数人都不一样"，这既有言语表达方法的点拨，也有口语交际背后思维的训练。

在课堂推进中，我们看到的是课堂显性环节，学生可以直接进入，作为观课者也可以直观感受到。而隐性环节设计则需要执教者灵活调控，学生在整个学习进程中不容易觉察到。所以，要实现显性环节的高效推进，必须抛出贴近学生认知特点的话题，设计充满挑战性的任务情境。在交际互动中，话题的移交任务需要教师承担，紧扣"倾听、表达、应对"的训练要点，设计"过渡方式"和"点评方式"，把口语交际的交际目的和教学目的统一起来，所以话题的选择尤为关键。

教材中特别提出"选择一两个大家感兴趣的、值得讨论的话题展开深入交流"。正是有了教材的支持，加上准确把握学情，顾老师的课堂很好地诠释了"深入交流"。顺着学情，以学生最感兴趣或争论较多的问题，如对星期五行为的疑惑和对鲁滨逊这个人物人性的挖掘进行深度交流。学生根据自己的日常经验与认知，结合同学的观点与想法，重新看待之前的问题，正符合"对于同一个问题也可以有不同的理解"。

在这个过程中，顾老师没有植入式地将问题送到学生面前，没有直接硬塞给学生一些方法与策略，没有设定很多条条框框，贴出一堆规范要求，而是充分地"让说"。在学生的谈论、交流中，在教师的评价、总结中，学生们自然习得本课所要落实的交际要点。顾老师引导学生在实践的基础上习得交际策略的教学模式，正符合荣维东教授所提出的"语言学习的目的在于通过语境的学习，获得真实的语言运用能力"。

教学设计

《动物儿歌》教学设计
"听故事讲故事"教学设计
《海底世界》教学设计
《美丽的小兴安岭》教学设计
……

《动物儿歌》教学设计

教学目标

1. 认识12个生字，会写7个生字；正确、流利、有节奏地朗读儿歌。
2. 理解儿歌，了解各种小动物的习性，并仿照儿歌说说其他小动物的习性。

教学重点

识字写字，有节奏地朗读儿歌。

教学难点

仿照儿歌说说其他小动物的习性。

教学过程

一、揭示课题，初读儿歌

1. 春天里，花儿开了，鸟儿叫了，小动物们赶来聚会了。在这幅图中，你看到了哪些小动物呢？

2. 这些小动物，就在我们今天要学习的这首《动物儿歌》里。（指名读课题，齐读课题）

3. 请打开课本，借助拼音，读读儿歌。读完儿歌，请在课本上画出小动物的名字!

| 设计意图 |

　　先让学生在图中找一找小动物,再让学生在课本中画出小动物的名字,帮助学生建立动物形象与动物名字的联系。

二、识记生字,再读儿歌

1. 你画出了哪些小动物的名字?看看谁能一下子找全。

2. 瞧,小动物的名字都在这儿呢,你认识吗?(出示带拼音的动物名字)

3. 小动物出场的顺序变了,也没有拼音来帮忙,你还会读吗?

4. 你认识了这些小动物的名字,接下来的这个"找朋友"的游戏可就难不倒你了。

5. 生字宝宝都找到了自己的好朋友,你发现这些生字宝宝有什么共同点吗?

　　师:这些小动物的名字都是虫旁,因为在古人的眼中,它们都属于虫类。虫旁在这里表示字的意思,我们把它叫作形旁;而另一部分表示的是字的读音,我们把它们叫作声旁。像这样由形旁加声旁组成的字,就叫作形声字。(读:形声字)

6. 让我们再一起念念小动物的名字吧!它们在干什么呢?谁来读读这几组词?(领读:展翅飞　捉迷藏　造宫殿　运食粮　游得欢　结网忙)

7. 生字词读得这么好,儿歌也一定能读好哦!(指导停顿,指名读,齐读)

| 设计意图 |

　　在学习生字词的时候,从借助拼音读到去掉拼音读,逐步提高难度。通过寻找字的共同点,帮助学生理解形声字的概念。

三、质疑问难，理解儿歌

1. 读了这首儿歌，有哪些是你觉得读不懂的呢？

预设1：展翅飞。（把你的双臂当作翅膀，展开，飞呀飞）

捉迷藏。（蝴蝶在花丛中飞来飞去，茂密的叶子遮着它，盛开的花朵挡着它，蝴蝶就像在捉迷藏呢！）

指导朗读第一句，把自己想象成翩翩起舞的蜻蜓、蝴蝶，读好这句话。

预设2：造宫殿。（出示宫殿的图片）去过故宫吗？这是北京故宫的太和殿，也是中国现存的最大的宫殿。宫殿是皇帝居住的地方，金碧辉煌，特别豪华。蚯蚓整天在土里钻来钻去，土松了，它们挖通地道，就像在地下造了一座宫殿呢！

运食粮。（就是运粮食。观察插图，一起模仿蚂蚁的动作。蚂蚁运粮　抱抱扛扛　来来往往　队伍长长）

指导读好第二句，想象蚯蚓造宫殿，蚂蚁运食粮的画面。

预设3：游得欢。（理解"欢"。小蝌蚪摇着小尾巴，在水里游来游去，可开心了！）

结网忙。（蜘蛛有个本领，它可以吐丝结网。瞧，小虫子撞到它的网上就被黏住了，这些小虫子就成了蜘蛛的食物。网破了，蜘蛛得再吐丝、再结网。）

展示"网"的字形演变。古文字的网真的就像一张网哦！这就是我们曾经学过的"象形字"。读"网"。田格板书，学生书写。

指导读好第三句，读出蝌蚪的快乐，蜘蛛的忙碌。

2. 读懂了这首儿歌，我们就了解了这些小动物的生活习性。让我再一次齐读儿歌。拍手读。

3. 老师这里有一组词卡，可是不小心摆乱了，谁能帮我排一排？其他同学都是小老师，看看他排得对不对。

蜻蜓展翅　蝴蝶飞舞　蚯蚓松土　蚂蚁搬家　蝌蚪游水　蜘蛛结网

学生齐读词卡。

| 设计意图 |

  让学生提出不懂的问题,是为了将教学的着力点落在学生的"困惑"处,寻找学生真正的学习起点。

四、创编儿歌,练写生字

1. 这首儿歌每一句都是写了小动物在哪里、干什么。同学们,你最喜欢什么小动物?可以学着课文里的儿歌也来说一说小动物在哪里、干什么。
2. 7个生字,你觉得哪个字最难写?
3. 范写。学生练写,评议。

| 设计意图 |

  让学生创编儿歌,模仿儿歌的句式说一说,是给学生提供了语言表达实践的机会。

五、作业

  把这首儿歌背给爸爸妈妈听,再仿照儿歌,说说自己最喜欢的小动物在哪里、干什么。

"听故事讲故事" 教学设计

教学目标

1. 认真听老师讲《老鼠嫁女》的故事，能听懂故事内容，记住故事主要情节。

2. 能借助图片讲故事，讲述故事的主要内容。讲故事时能做到声音响亮，大方自信。

教学过程

一、游戏激趣　导入新课

1. "我说你做"，游戏激趣。同学们，我们来做"我说你做"的游戏。

"站如一棵松，双手贴裤缝；坐如一口钟，背直肩放松。"

"语文书放在书桌的左上角，练习本放在语文书上，从文具袋里拿出铅笔和橡皮，放在练习本上。"

2. 交流心得，导入新课。同学们都能根据老师发出的指令完成相应的动作，这是因为说话的人讲得清楚，声音响亮；听话的人听得认真。（板书：大声说　认真听）

|设计意图|

用游戏的方式开始这一课的学习，是为了让学生感受到大声说话和认真倾

听在口语交际中的重要性，为后续的学习奠定基础。

二、揭示课题　倾听故事

1. 这节口语交际课，我们要学习"听故事讲故事"。（板书课题）这个故事的名字叫作《老鼠嫁女》，老师讲故事的时候，一定要认真听哦！你们还可以借助课件上的图片记住故事的主要内容。

2. 讲《老鼠嫁女》的故事。

很久很久以前，一对年迈的老鼠夫妇住在阴湿寒冷的黑洞里，眼看着自己的女儿一天天长大，夫妇俩想要为女儿找一个最神气的新郎。于是，老鼠夫妇出门寻亲。

刚一出门，看见天空中的太阳。他们琢磨着，任何黑暗都惧怕太阳的光芒。女儿嫁给太阳，不就嫁给了光明吗？夫妇俩请求太阳娶他们的女儿。太阳听了老鼠夫妇的请求，皱着眉头说："我不像你们想象的那样强大，黑云可以遮住我的光芒。"老鼠夫妇哑口无言。

于是，他们来到黑云那里，向黑云求亲。黑云苦笑着回答："尽管我有遮挡光芒的力量，但是只需要一阵风，就可以让把我吹散。"

老鼠夫妇又去向风求亲。风笑道："我可以吹散黑云，但是只要一堵墙就可以把我挡住！"

老鼠夫妇又找到墙，墙看到他们，露出恐惧的神色："在这个世界上，我最怕你们老鼠，再坚固的墙也抵挡不住老鼠打洞，最终都会崩塌。"老鼠夫妇面面相觑，看来还是咱们老鼠最有力量。

老鼠夫妇想了想，我们老鼠又怕谁呢？对了！自古以来老鼠怕猫！于是，老鼠夫妇找到了花猫，坚持要将女儿嫁给花猫。

花猫哈哈大笑，满口答应娶老鼠的女儿。在迎娶的那天，老鼠夫妇用最隆重的仪式送最美丽的女儿出嫁。结果如何呢？你们一定猜到了，花猫一口吃掉了自己的新娘。

3. 梳理情节，张贴图片。老鼠夫妇为了让自己的女儿嫁给最神气的新郎，他们找了哪些新郎人选？请按照故事的顺序，把这些图片贴在黑板上。

4. 评价新郎人选。你能说说这些新郎人选，他各自都有什么本领吗？他们最怕的又是什么呢？

| 设计意图 |

　　教师讲故事的时候，让学生一边看图一边听故事，是为了让学生在观察图画的过程中把故事和图画的内容结合起来，从而记住故事的主要情节。听完故事后，梳理情节，评价人物，是为了帮助学生将所获得的信息进行整理，为接下来的讲故事做好铺垫。

三、明确要求　讲述故事

1. 从你的回答中，老师可以感觉到同学们听故事听得很仔细，现在请你再听一次老师讲故事，注意老师的语气，观察老师的表情和动作。

2. 交流老师讲故事的情况。（讲故事时声音响亮，学生能听得清楚；故事中不同的人物说话时有不同的语气；老师的表情很丰富，有的地方还加上了动作）

3. 你真是善于观察的学生！希望你讲故事的时候也能做到声音响亮，要注意语气、语调的变化，能加上动作就更好啦！请四人小组合作讲故事，每人讲两幅图的内容。

4. 评价同组同学故事讲得如何并提出建议。

5. 听了同学的评价，你可以改正之前的不足，现在请试着将完整的故事讲给你的同桌听。

6. 推荐同学到讲台上讲故事。

| 设计意图 |

　　通过教师的示范，让学生发现讲好故事的秘诀。再让四人小组看图合作讲故事，降低讲故事的难度。通过学生评价、提建议的方式，为学生讲述完整的

故事做好准备。

四、表演故事，升华理解

1. 同学们故事讲得很好，我们再来试着演一演这个故事吧！

分发头饰，学生选定角色后，小组合作表演故事。

2. 看了《老鼠嫁女》的表演，你想对故事中的老鼠夫妇说些什么呢？

3. 课堂小结：通过今天的学习，同学们学会了怎样听故事、讲故事，只有会听才能会讲。

| 设计意图 |

　　为学生提供表演的机会，激发了学生学习的热情。看表演后讨论的环节，也是为了让学生懂得故事所蕴含的道理。

《海底世界》教学设计

教学目标

1. 借助图片、视频理解、识记"窃窃私语、宁静"等词,读准多音字"差",会写"宁、官"等12个常用字。
2. 了解课文是从哪几个方面介绍海底世界的,并探索作者是如何把海底世界的特点写清楚、写具体的。
3. 学习先总后分的构段方式,并用上这种方法写一段话。

教学重点

了解课文是从哪几个方面介绍海底世界并将海底世界的特点写清楚的。

教学难点

学习先总后分的构段方式,并用上这种方法写一段话。

教学过程

第一课时

一、图片导入,揭示课题

1. 教师出示图片,学生认读"波涛澎湃"。提示:"波涛澎湃"中的"波涛"就是大的波浪。"澎湃"不是说浪大，而是说大浪互相撞击。

2. 教师出示图片，学生认读"宁静"。提示：这个词两个字都后鼻音，宁的声母是"n"。

3. 揭示课题。提示：海面上波涛澎湃的时候，海底依然很宁静。大海深处是怎样的呢？今天，我们一起学习《海底世界》。（板书：海底世界）

| 设计意图 |

从欣赏大海图片导入，认读"波涛澎湃"和"宁静"这两个词，激发学生对海底世界的好奇心。

二、创设情境，认读字词

1. 听声音，说词语。提示：放录音，学生猜词语，如"嗡嗡、啾啾、汪汪、打鼾、警报"等。"警"是后鼻音，形声字。

2. 认读"窃窃私语"。提示：海底能听见的各种声音，都是"窃窃私语"。"窃、私"是形声字，"私"是平舌音。"窃窃私语"指小声说话。"窃窃"在这里没有偷的意思，而是声音细小。

3. 看视频，认词语。出示海底动物的视频。提示：读好"海参、梭子鱼、乌贼、章鱼"。

4. 认读"肌肉、细胞"。提示："肌、胞"都是月字旁，形声字。

5. 看图片，认词语。出示海藻的不同图片。认读"差异、长达"。出示煤、铁、石油、天然气的图片，认读"煤、铁、储量、金属、蕴藏"。"储、属"是翘舌音，"差"是多音字。"蕴藏"的意思是蓄积而未显露或未发掘，与"储藏"意思相近。

6. 朗读课文，巩固字词。提示：自由读课文后指名朗读，教师及时正音。

| 设计意图 |

在学习生字词的环节，采用多种方式帮助学生学习，就不会让学生觉得单调而乏味。

三、初读课文，整体把握

1. 请们你说一说，海底是个怎样的世界。（谁能用一句完整的话说一说）

[板书设计]

| 海底世界 | 景色奇异
物产丰富 |

2. 采用多种方式熟读课文。

|设计意图|

　　初读课文，让学生用一句话说一说海底是怎样的世界，为下一节课的学习打下伏笔。

四、认真观察，学写汉字

出示要写的 12 个生字，学生观察归类。将 12 个生字分成 3 类。"汪、险、攻、推、煤、铁"是左右结构的字；"宁、官、参"是上下结构的字；"迅、速、退"是半包围结构的字。

1. 指导书写"汪、险、攻、推、煤、铁"。

（1）学生观察，说说要注意的地方。提示：书写时注意左窄右宽。"攻"字的左边"工"要写在田字格偏上的位置，最后一笔横改为提。

（2）教师示范，学生观察并书空。提示：注意每个笔画在田字格中的书写位置。

（3）学生学写。

2. 指导书写"宁、官、参"。提示："宁"中间一横要写在田字格的横中线上；"官"字第四笔是竖，不能写成"宫"；"参"书写时要注意上窄下宽。

3. 指导书写"迅、速、退"。提示：书写时注意"辶"的写法，把字写规范，被包围的部分要半藏半露。

| 设计意图 |

　　三年级的学生已经具备了自主识字的能力，所以要先让学生观察并说一说书写注意点。指导写字时，教师只要抓住难点进行指导即可。

第二课时

一、简述内容，发现特点

1. 谁能用几句话说一说海底是个怎样的世界。（提示：可以借用课文中的语句，学生简述）

2. 听听老师是怎样介绍海底世界的。仔细听，你有什么发现？（将课文每一段的中心句联结在一起）课件出示：

海面上波涛澎湃的时候，海底依然很宁静。

海底的动物常常在窃窃私语。

海里的动物，各有各的活动方法。

海底的植物差异也很大。

海底蕴藏着丰富的矿藏。

海底真是个景色奇异、物产丰富的世界。

3. 学生朗读后谈发现：这篇课文第2—5自然段都用了先概括写再具体写的方法，顾老师把这几句概括语连在一起，就成了这篇文章的主要内容。

4. 我们再一起读一读这几句话。（板书：宁静　窃窃私语　动物　植物　矿藏）

| 设计意图 |

　　这一环节的设计既可以帮助学生概括文章的主要内容，又可以提示学生关注文章的构段方式及篇章结构。

二、精读课文，赏析语言

1. 如果课文中只有这几句话，我们能不能知道海底世界到底是个怎样的世界？如何介绍，才能让读者身临其境？朗读课文第2—5自然段，选择你最感兴趣的一段多读几遍，过一会儿顾老师会请你给大家做各种介绍。

2. 交流分享第2自然段。

（1）想象此刻你穿上了潜水服，潜入海底。记着带上潜水电话，顾老师要和你随时联系呢！准备好了吗？出发！

（2）以潜水员的身份介绍，引导体验。

想象现在你已经到了海面以下30米，现在海面上风浪可大了，浪高几十米，你在海底能感受到吗？

想象现在你已经到了海面以下100米，此刻是正午时分，阳光刺眼，整个海面都闪着金光，你能感受到阳光吗？

想象此刻你已经来到了500米以下的深海，你的眼前是不是一片漆黑呢？

（3）还有哪位同学想和潜水员通话？

（4）通过潜水员的介绍，我们知道了：海面上波涛澎湃的时候，海底依然很宁静。（课件出示，学生齐读）

3. 交流分享第3自然段。

（1）喜欢这一段，就请你给大家读一读。这一段文字中有一些模拟声音的词语，我们称为拟声词，其他同学边听边画出这些拟声词。课件出示：有的像蜜蜂一样嗡嗡，有的像小鸟一样啾啾，有的像小狗一样汪汪，有的还好像在打鼾……

（2）体验阅读：打鼾是什么声音？呼噜噜。把这些拟声词放进句子里，读到打鼾时，你可以加上呼噜噜。再来读一读。指读、齐读。

（3）"有的嗡嗡，有的啾啾，有的汪汪……"如果这样写好不好，为什么？这里的省略号表示省略了其他的声音，你可以模仿课文说一说还有哪些声音。

（4）海底动物发出的声音响亮吗？从哪里知道的？理解"窃窃私语"。

（请和你的同桌窃窃私语）还可以从哪里知道海底动物发出的声音其实很轻？（水中听音器）海底的动物常常发出很轻的声音。（这句话和课文中那句话的意思是一样的，你更喜欢哪一句呢？）

（5）用上了打比方和拟人的方法，这段文字读起来特别有趣，我们一起读一读。

4. 分享交流第4自然段。

（1）海底的动物发出的声音各不相同，它们的活动方法也各不相同呢，请几位"海底动物"给我们介绍一下它们的活动方法。

（2）学生介绍，引发体验。

我是海参……（你为什么要强调每小时只能前进四米呢？用列数字的方法说明了海参前进的速度很慢哦。）

我是梭子鱼……（你是用什么方法来说明自己行动速度快的呢？）

我是乌贼……（可以演示一下你是如何利用反推力后退的吗？）

我是贝类……（你可真会省力、省钱哦。）

（3）听了他们的介绍，我们知道了：（齐读）海里的动物，各有各的活动方法。

5. 分享交流第5自然段。

（1）刚才学习的那几段文字，我们发现每一段文字，作者都是先概括写再具体写，介绍海底植物时也是如此呢！

（2）自读第5自然段，完成学习单。（朗读第5自然段、画出中心句、写一写）

| 设计意图 |

在这个环节中，教师根据文本特点让学生采用了不同的学习方式，比如，创设潜水海底的情境，让学生想象在海底看到的景象；抓住拟声词，模拟听到的声音；表演海底动物的活动方法；比较海底植物的差异。学生在游戏化的活动中感知了海底世界的特点。学习单的应用也体现了"从扶到放"的学习过程。

三、总结课文，看图仿写

1. 海底不仅有各种各样的动物和植物，还蕴藏着许多矿物。齐读第 6 自然段。

2. 这一段只有一句话。作者为什么不像写动物和植物那样，具体写一写呢？（板书：有详有略）

3. 通过这节课的学习，我们仿佛真的走进了海底世界。难怪作者说：海底真是个景色奇异、物产丰富的世界。（齐读）

4. 观察图片，仿照课文中先概括写再具体写的方法，写一段话介绍珊瑚，如果能写得生动有趣些就更好了。

| 设计意图 |

看图仿写的环节，让学生将在本课学到的构段方式迁移到练笔之中，学以致用。

《海底世界》自学单

课前部分：读拼音，写汉字，并给加点的字注音。

海面上波涛澎湃的时候，海底依然很 ☐（níng）静。……在这一片黑暗的深海里，却有许多光点像闪烁的星星，那是有发光器 ☐（guān）的深水鱼在游动。

海底是否没有一点儿声音呢？不是的。海底的动物常常在窃窃私语。你用水中听音器一听，就能听见各种声音：有的像蜜蜂一样嗡嗡，有的像小鸟一样啾啾，有的像小狗一样 ☐☐（wāngwāng），……遇到危 ☐（xiǎn）还会发出警报。

海里的动物，各有各的活动方法。海 ☐（shēn）靠肌肉伸缩爬行，每小时只能前进四米。有一种鱼身体像梭子，每小时能游几十千米，□(gōng)击其他动物的时候，比普通的火车还快。乌贼和章鱼能突然向前方喷水，利用水的反□(tuī)力□(xùn)□(sù)后□(tuì)。还有些贝类自己不动，却能巴在轮船底下作免费的长途旅行。

海底的植物差异也很大。它们的色彩多种多样，有褐色的，有紫色的，还有红色的。最大的海藻长达二三百米。最小的单细胞海藻，要用显微镜才能看清楚。

海底蕴藏着丰富的煤、□(tiě)、石油和天然气，还有陆地上储量很少的稀有金属。

海底真是个景色奇异、物产丰富的世界。

课堂练习

学习方法：读一读、画一画、写一写、议一议。自读课文第 5 自然段，完成学习单。

1. 朗读课文第 5 自然段。
2. 画出中心句。
3. 写一写。

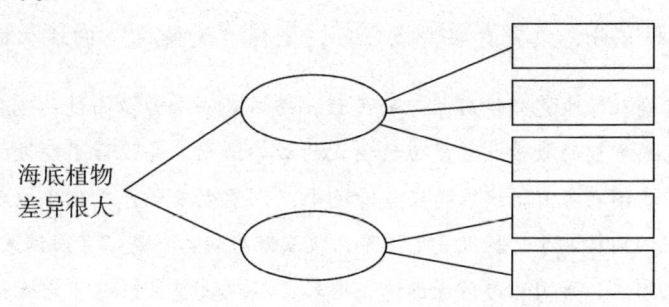

海底植物差异很大

4. 讨论一下：作者用了哪些方法写出了海底植物差异大？
5. 仿写：海底的珊瑚_____
_____
_____

点 评

让学习真实发生
——简评顾文艳老师的《海底世界》教学设计

顾文艳老师的语文课朴素而又灵动，所设计的《海底世界》教学预案，从学生的学习起点出发，设计贴近学生生活的语文实践活动，一步一个台阶，让学习真实发生。

一、目标简明，紧扣单元语文要素，体现"教学评"的一致性

好课的教学目标一定是准确而又简明的，体现学生的学习行为变化，并且可以通过学生的学习表现测评目标的达成情况。顾文艳老师正是遵循了"教学评"的一致性原则，紧扣单元语文要素——"理解事物的几个方面及怎样写清楚"。基于三年级学生的读写经验，顾文艳老师制定了两个目标、确定了三个关键词：一是"了解"从哪几个方面介绍海底世界，指向课文内容；二是"探索"如何把海底世界的特点写清楚，指向表达方法；三是"运用"先总后分的构段方式写一段话，指向迁移运用。三个关键的"行为动词"，清晰而又精准地界定了教学目标指向的具体学习行为，可理解、可操作、可测评。

二、过程充分，设置真实情境任务，呈现"进阶式"的活动链

好课一定会让学生充分经历学习的过程，而不是一个匆匆而过的流程。顾文艳老师深谙此理，将零散的教学点整合为板块式的教学活动，并设计了贴近学生生活实际的任务情境，力图在具有挑战性的任务情境中，让学生或合作或独立地解决问题，获得语言与精神的同构共生。她设置了三个语文实践板块：一是"了解课文结构"。用一句话说说课文内容，再用几句话说说课文内容，以此让学生把握"先概括再具体"的构思方法。二是"赏析课文语言"。创设一个"潜水海底"的情境，让学生想象在海底看到的景象，模拟听到的声音，表演海底动物的活动方法，比较海底植物的差异，在饶有情趣的游戏化活动中，真切感知海底世界的特点，触摸课文语言的精准与生动。三是"看图仿写"。仿照课文"总分"的段落结构，运用"先概括再具体"的写法，借助图片介绍海底的珊瑚。三个实践活动板块，从整体到部分，再回归整体，形成了前后关联的活动链，摆脱了低水平的简单重复教学，让学生在课文中"走了一个来回"，获得了登山似的能力进阶之感。

三、效果可期，遵循"化知为能"规律，实现学习单的转化率

好的教学设计一定可以预见教学的实际效果，具有可预期性。顾文艳老师遵循"化知为能"的学习规律，通过学习单的设计与运用，将"字词积累、读法迁移与写法运用"的学习过程与结果全面呈现出来，以此检测教学目标的达成度。更重要的是，这一张学习单让每个学生都经历了由知而能的内化过程，避免了"问答式"检测中少数优秀学生遮蔽整体学习状态的弊端，让教学真实地展现，让学习真实地发生。

综上所述，顾文艳老师的《海底世界》教学设计，是一份大道至简的优秀设计，体现了素养导向的语文课堂教学变革。

薛法根

2020 年 6 月 19 日

《美丽的小兴安岭》教学设计

第一课时

教学目标

1. 学会本课生字新词，读准字音，正确书写，理解词义。
2. 有感情地朗读课文，读出对小兴安岭的喜欢之情。
3. 能够借助关键词句，初步体会小兴安岭的景色优美、物产丰富。

教学过程

一、赏景激趣，明确目标

1. 出示图片，导入新课。
2. 板书课题，提示读准多音字"兴"。
3. 简单介绍小兴安岭。

| 设计意图 |

  导入新课有很多种方式，这一课的题目为《美丽的小兴安岭》，因此在导入新课时我采用了小兴安岭的风景图，让学生领略了一番小兴安岭的风光，也点燃了他们学习新课的热情。

二、初读课文，识字写字

1. 自读课文。要求：圈出生字，读准字音，读通句子，标出自然段序号。
2. 认读词语。
3. 学写生字。哪个字容易写错？从中选出一两个写一写。
4. 指导书写："袋"斜钩要向外伸展，给"衣"的点让出空间。"库"半藏半露。
5. 学生练习书写，教师指导、点评。

| 设计意图 |

　　中年级的写字教学特点在于"抓难放易"，教师在中年级不可能再像在低年级进行的写字教学那样逐一指导，因此教师教学时要抓住本课中难写的字着力指导，并且要在指导时提炼出写字的规律，比如写半包围的字就是要遵循"半藏半露"的规则。

三、再读课文，厘清脉络

1. 指名读课文，相机指导读好文中的长句子。
2. 交流：课文主要写了什么内容？课文讲述了我国东北小兴安岭一年四季的美丽景色和丰富的物产。
3. 厘清脉络。
（1）（出示首尾两段）读一读这两段话，它们在全文中起什么作用呢？
（2）文章是按什么结构来写小兴安岭景色诱人、物产丰富的？

| 设计意图 |

　　让学生学会概括是阅读教学的一项很重要的内容，因此这里设计了让学生说说课文主要写了什么内容的环节。这篇文章在篇章结构上也很有特点，因此将开头和结尾的段落出示后让学生思考这两段话在全文中的作用，学生对文章总分总的结构就有了初步的认识，也为第二课时的教学做好了铺垫。

四、作业

1. 有感情地朗读课文，注意读好文中的长句子。
2. 完成习字册。

第二课时

教学目标

1. 有感情地朗读课文，能抓住关键词，感受小兴安岭的景色优美和物产丰富。
2. 结合课文内容，说出喜欢小兴安岭某个季节的理由。
3. 体会"抽出""浸"等词语表达上的好处，初步感受作者遣词造句的精妙。

教学重、难点

1. 能够抓住关键词，感受小兴安岭的景色优美和物产丰富。
2. 能结合课文内容，说出喜欢小兴安岭某个季节的理由。

教学过程

一、复习旧知，导入新课

1. 小兴安岭给你留下怎样的印象？

（根据学生的回答板书。总：海洋　分：花园　宝库）

2. 学生齐读第 1 和第 6 自然段。

3. 这一节课，我们将继续走进这绿色的海洋，感受小兴安岭的景色优美、物产丰富。

| 设计意图 |

　　复习旧知的环节是与上一节课的教学内容紧密相关的，这个环节的设计既可以检查学生上一节课的学习效果，也拉开了这一节课新授内容的序幕。

二、默读课文，找关键句

1. 默读课文第2—5自然段，找出课文中描写树木的句子。（板书：春、夏、秋、冬）

　　春天，树木抽出新的枝条，长出嫩绿的叶子。

　　夏天，树木长得葱葱茏茏，密密层层的枝叶把森林封得严严实实的，挡住了人们的视线，遮住了蓝蓝的天空。

　　秋天，白桦和栎树的叶子变黄了，松柏显得更苍翠了。秋风吹来，落叶在林间飞舞。

　　冬天，雪花在空中飞舞。树上积满了白雪。

2. 仔细读读这些语句，你有什么发现？
3. 教师出示图片，学生配图朗读，欣赏小兴安岭一年四季的不同景象。

| 设计意图 |

　　课文写了小兴安岭在不同的季节树木的变化。在新授环节，让学生找出四季描写树木的句子，一来可以通过"聚集式"的呈现让学生发现四季树木的不同，感受四季的美景，二来让学生掌握作者的写作顺序。

三、抓关键词，品读课文

1. 作者除了写树木，还写了哪些景物？这些景物有什么特点？
2. 如果到小兴安岭旅游，你最想在什么季节去？和同桌交流自己的想法。

四、汇报交流，评议互动

1. 如果到小兴安岭旅游，你最想在什么季节去？可以结合课文内容说说你的理由吗？其他同学边听边思考讲述的同学哪些词句用得特别好，也可以给他一些建议。

2. 关注重点词语，体会用词之精妙。

预设：抽、浸、献、没。

通过换词比较、想象画面等方式让学生感受作者用词的精妙。（板书：抓关键词）

| 设计意图 |

这个环节将课后习题融入听说的语言实践活动之中。讲述的同学说说想在哪个季节去小兴安岭并说明理由，这其实是将文本语言内化的过程，而听的同学要说出讲述的同学哪些词用得好，这就是在赏析语言。让学生关注重点词，体会用词的精妙，不仅是在教阅读，其实也是在教写作。

五、化文为诗，总结全文

1. 感受了小兴安岭四季的美，顾老师把美丽的小兴安岭融进一首小诗里，献给同学们。

美丽的小兴安岭

顾文艳（改写）

春天，树木抽出新枝，长出嫩叶

夏天，树木遮住天空，葱葱茏茏

秋天，松柏苍翠，林间黄叶飞舞

冬天，雪花飘落，树上白雪堆积

这是绿色的海洋

这是美丽的花园

这是巨大的宝库

　　　　　一年四季的小兴安岭

　　　　　小兴安岭的一年四季

　　　　　总是，那么美

2. 教师范读，学生齐读。

3. 布置作业：你的家乡哪个季节最美？写一段话和同学交流。

|设计意图|

　　教师将课文内容改写为小诗，范读后让学生朗读，带着学生再次领略小兴安岭一年四季的美，也在学生的心田里播下诗意的种子。

[板书设计]

| 20. 美丽的小兴安岭 | 总分总 | 春夏秋冬 | 抽漫献没 | 抓关键词 |

现代诗二首《秋晚的江上》《花牛歌》教学设计

教学目标

1. 认识"巢、苇、罗"等6个生字，正确、流利地朗读课文。
2. 想象诗歌所描绘的画面，体会诗人所表达的情感。

教学重点

朗读诗歌，说说诗中描写了哪些景物，想象诗歌所描绘的画面。

教学难点

找出两首诗的相通之处，体会诗人表达的情感。

教学过程

一、出示课题，明确要求

1. 板书：现代诗二首。（先写课题，再加上米字号）
2. 指名说说米字号在题目中的含义，明确这篇课文属于略读课文。
3. 在前两课的学习中，我们想象过钱塘江大潮的壮观画面，我们也想象过"我"和阿妈走在洒满月光的小路上的所见所闻，这一节课，我们一起阅读刘大白和徐志摩这两位诗人的作品，想象诗歌描绘的画面。

|设计意图|

提示学生关注米字号，明确本课是略读课文，让学生明白学习本课应该以自学为主。

二、读准字音，了解作者

1. 自由朗读诗歌。
2. 指名朗读诗歌，纠正读错的字音。
3. 介绍作者。

刘大白（1880—1932），浙江绍兴人。原名金庆桵，后改姓刘，名靖裔，字大白，别号白屋，现代著名诗人、文学史家。五四运动前，他就开始用白话作诗，是我国新诗运动的倡导者之一，尝试派代表诗人之一。代表作有《旧梦》《卖布谣》等。

徐志摩（1897—1931,）浙江海宁人。现代诗人、散文家，新月派代表诗人。代表作有《再别康桥》《翡冷翠的一夜》等。

|设计意图|

学生自由朗读并借助课前搜集的资料了解作者，让课堂真正成为学堂。

三、自由读诗，想象画面

1. 反复读两首诗，想象诗中所描绘的画面。
2. 同桌交流，说一说诗中描写了哪些景物。
3. 集体分享。

《秋晚的江上》板书：归巢的鸟　斜阳　白色的芦苇

《花牛歌》板书：花牛　草地　白云　夕阳

4. 观察课文配图，结合自己的想象，自由练说：这两首诗分别描绘了怎样的画面？

5. 集体交流。

《秋晚的江上》描绘了倦游的鸟儿想回巢去，天色已晚，斜阳的余晖照在飞鸟的脊背和双翼上，好像鸟儿要把斜阳驮回巢去一样。飞鸟双翅一翻，夕阳好像是从鸟翅上掉下来一样，翻落在江上。夕阳的余晖染红了江面，也染红了芦苇。一瞬间，白了头的芦苇也变成红色的了。

《花牛歌》描绘了一只或坐、或走、或卧的花牛，自在而悠闲。它坐在草地上，剪秋萝被它压扁了；它躺在草地上，天上的云儿慢悠悠地占满天空；花牛在草地上走着，它的尾巴甩了一圈又一圈；花牛做着美梦，夕阳已经偷偷下山了。

| 设计意图 |

这个环节让学生在读中想象画面，在同桌交流的基础上再集体分享，可以让每个学生都有表达的机会。

四、感受节奏，品味语言

1. 想象诗中的画面，让这幅画留在你的脑海里。再次读读这两首诗，感受两首诗的节奏有何不同。

2. 指名交流：《秋晚的江上》语调舒缓，要读出长短句节奏的变化；《花牛歌》语调欢快，要读出每一节首句"一咏三叹"重复的节奏。

3. 找出这两首诗中的动词，说一说，哪些动词用得特别好，并说明理由。

4. 交流分享。

《秋晚的江上》："驮"，让人感受到飞鸟负荷重，更能感受到它的疲倦。"妆"将芦苇拟人化，更添一份情趣。

《花牛歌》："霸占"将白云拟人化，让人感受到花牛和白云有着同样的自由；"偷渡"将太阳拟人化，表现了时间在悄然流逝。

| 设计意图 |

这个环节一是让学生在朗读中感受诗的节奏，二是让学生通过品读关键词

理解诗歌。

五、再读诗歌，体会情感

1. 《花牛歌》中的花牛一会儿坐，一会儿睡，一会儿走，一会儿再睡，还做着梦。它不是我们想象中的在草地里走，走累了就在草地里坐，坐久了就睡觉，睡着了就做梦……诗人为什么不这样写呢？

2. 讨论：诗歌的语言，是跳跃的语言；诗歌的构思，也不是墨守成规的。这样的变化和跳跃，让诗更有味道。花牛想干什么就干什么，想什么时候睡就什么时候睡，更突出了它的自由。

3. 花牛的自由，我们可以感受到。再读读《秋晚的江上》，寻找飞鸟的自由。

4. 讨论：飞鸟倦了，可是还得驮着夕阳，但飞鸟把双翅一翻，解脱了沉重的负荷，飞鸟也找到了自己的自由。

5. 诗人总是能够借诗句表达自己的情感，在这两首诗中，我们既读到了大自然的美景，也读到了诗人对自由的渴望。

| 设计意图 |

抓住"自由"一词，破译诗人的情感密码。

六、配乐朗读，拓展阅读

1. 配乐朗读。让我们把自己想象成诗人，再次读读这两首诗。

2. 如果你喜欢这两首诗，可以再读一读两位诗人的其他诗作。推荐《刘大白诗集》和《志摩的诗》。

| 设计意图 |

让学生读读作者的其他诗作，将诗歌阅读从课内延展到课外。

《在天晴了的时候》教学设计

教学目标

1. 正确、流利、有感情地朗读、背诵诗歌。
2. 在读中理解，在读中感悟，体会诗歌所包含的思想感情。能结合自己喜欢的诗句，和同学交流读后的感受。
3. 用诗的形式写写自己看到过的雨后天晴的景象。

教学重点

在读中理解，在读中感悟，体会诗歌所包含的思想感情。能结合自己喜欢的诗句，和同学交流读后的感受。

教学难点

引导学生大胆想象，能发现美、欣赏美，并且用诗句的形式展示美。

教学过程

一、导入课题，介绍作者

1. 雨过天晴，你想到哪里去走走呢？（指名交流）让我们跟随诗人戴望舒的脚步，去小径中走走吧。
2. 介绍作者。

戴望舒（1905—1950），浙江杭县人，中国现代派象征主义诗人，又称"雨巷诗人"。戴望舒早年就读于上海大学，他对中国新诗的发展产生过重大的影响。诗集有《我的记忆》《望舒草》《望舒诗稿》等。他还翻译过许多国外的文学作品。

3. 为什么称他为"雨巷诗人"呢？等学完了这一课，我们再来交流。

| 设计意图 |

　　导入新课时，让学生先说一说雨过天晴时想去哪里走走，这样的对话，是想带着学生进入诗歌的意境。介绍作者以后，教师留下一个问题：为什么称戴望舒为"雨巷诗人"？既留下一个悬念，激发学生学习的兴趣，也为将要分享《雨巷》做好铺垫。

二、揭示课题，明确要求

1. 出示课题：这是本单元最后一首诗歌，课题中的星号告诉我们这一课得靠大家自学。谁来读一读自学要求。

2. 指名读自学要求：有感情地朗读并背诵课文。结合自己喜欢的诗句，和同学交流读后的感受。有兴趣的同学，还可以用诗的形式写写自己看到过的雨后天晴的景象。

| 设计意图 |

　　本课是略读课文，让学生读一读自学要求，等于给了学生一个指南针，为他们在诗句的丛林中行走指明了方向。

三、初读诗歌，整体感知

1. 自由朗读课文，喜欢的诗句多读几遍。

2. 想一想：诗歌描述了雨后的哪些景物？请在书中圈画出来。

3. 指名交流。

| 设计意图 |

　　诗歌不宜齐读，可以用自由读和指名读的方式。初读课文，让学生采用自由读的方式。给学生充足的时间，让学生可以把喜欢的诗句多读几遍，让学生在诗句中畅游，尽情感受雨后的美景。圈出诗中雨后的景物，也是为接下来的交流做好了铺垫。

四、精读诗歌，交流感受

1. 指名朗读，边听边想象诗歌所描绘的画面。
2. 同桌先交流一下：喜欢哪些诗句？说说这些诗句给你的感受。
3. 全班交流：读读你喜欢的诗句，说说这些诗句给你怎样的感受。

| 设计意图 |

　　指名朗读诗歌时，让学生想象诗歌所描绘的画面，将文字转化为画面。诗歌的创作离不开想象，诗歌的阅读也离不开想象。在全班交流前先让同桌交流，是为了给每个学生提供交流的机会。

五、欣赏美景，创作诗句

1. 出示一幅幅雨后美景图，边展示边讲述。
雨后／小蘑菇还撑着伞／傻傻地站着／傻傻地等……
雨后／草叶尖结出透明的果子／果子里／藏着整片森林。
雨后／蜘蛛住进了水晶殿／它的梦里／闪耀着太阳的光辉。
雨后／天地间架起彩虹桥／踏上彩虹桥，走呀走／会走到哪儿呢？
这些是顾老师在雨后看到的美景，写下的诗句。你们在雨后看到了哪些美景呢？试着用诗句的形式写下来。
2. 交流讲评。

| 设计意图 |

　　一幅幅雨后美景图给学生创作诗歌提供了支架。教师例诗的出示也是为了给学生创作诗歌带来启发。

六、分享诗句，拓展阅读

　　还记得刚开始上课时我留下的问题吗？为什么戴望舒被称为"雨巷诗人"？戴望舒的这首《雨巷》脍炙人口，他也因此得一雅号——"雨巷诗人"。（出示《雨巷》）

雨　巷
戴望舒

撑着油纸伞，独自
彷徨在悠长，悠长
又寂寥的雨巷，
我希望逢着
一个丁香一样地
结着愁怨的姑娘。

她是有
丁香一样的颜色，
丁香一样的芬芳，
丁香一样的忧愁，
在雨中哀怨，
哀怨又彷徨；

她彷徨在这寂寥的雨巷，
撑着油纸伞

像我一样，
像我一样地
默默彳亍着，
冷漠，凄清，又惆怅。

她静默地走近
走近，又投出
太息一般的眼光，
她飘过
像梦一般地，
像梦一般地凄婉迷茫。

像梦中飘过
一枝丁香地，
我身旁飘过这女郎；
她静默地远了，远了，
到了颓圮的篱墙，
走尽这雨巷。

在雨的哀曲里，
消了她的颜色，
散了她的芬芳，
消散了，甚至她的
太息般的眼光，
她丁香般的惆怅。

撑着油纸伞，独自
彷徨在悠长，悠长

又寂寥的雨巷，
　　我希望飘过
　　一个丁香一样地
　　结着愁怨的姑娘。

如果你喜欢这首诗，课后也可以把这首诗找来读一读，还可以读更多的经典诗歌。

| 设计意图 |

　　课结束时出示《雨巷》，既是为了解答上课开始时留下的问题，也是为了激发学生阅读更多经典诗作的兴趣。

《枫桥夜泊》教学设计

教学目标

1. 有感情地朗读古诗，背诵古诗。
2. 培养学生对诗的感悟能力，想象诗中所描绘的画面。
3. 体会诗人浓浓的愁绪。
4. 通过欣赏音乐与书法作品，受到艺术的熏陶。

教学重点、难点

想象诗的意境，体会诗人的情感。

教学过程

一、名句导入，轻点"愁"情

1. 同学们，请你们自由、轻声朗读这一组诗句。
2. 课件出示一组诗句。

移舟泊烟渚，日暮客愁新。——孟浩然《宿建德江》
白发三千丈，缘愁似个长。——李白《秋浦歌》
缭乱边愁听不尽，高高秋月照长城。——王昌龄《从军行》
问君能有几多愁，恰似一江春水向东流。——李煜《虞美人》

3. 谁来读读这组诗句？听的同学动脑筋想一想，这组诗句有什么共同之处?

4. 在孟浩然的诗中,昏黄的落日给诗人添新愁;在李白的诗中,白发三千丈是诗人愁绪的见证;在王昌龄的诗中,愁便是那照耀着长城的高高秋月;而在李煜的诗中,愁恰似那滚滚东流去的一江春水!

5. 今天,我们将共同赏析一首七言绝句——张继的《枫桥夜泊》。(板书课题)在这首诗中,我们又将体会到怎样的愁呢?

| 设计意图 |

以一组表现"愁"情的古诗名句导入新课,既是为了拓展学生的知识领域,更是为本课的学习奠定了特有的情感基调。"愁"是贯穿本课始终的主线。

二、指导朗读,想象"愁"境

1. 课件出示古诗。

2. 自由读诗。请同学们至少读三遍以上,读之前听清楚老师的要求:第一,读准字音,做到字正腔圆。第二,读通顺,注意诗句中的停顿。

3. 指名读诗。请其他同学仔细听他是怎么停顿的。

4. 指导读诗。同学们,我们在读诗的时候,不但要把它读正确,读得有节奏,还要尽可能地读出诗的味道。

教师范读古诗(第一遍语调平平地读,第二遍声情并茂地读)。比较一下,哪一种读法更有感觉,更有味道。

5. 配乐范读。

6. 请同学们闭上眼睛,听了老师的朗读,你的眼前仿佛出现了怎样的画面,你仿佛看到了什么?

7. 学生发言描述。

8. 从你的描述中,老师看到了枫桥边的秋夜景象,更看到了一个愁绪满怀的诗人的形象。

9. 看图。让我们坐上小船,回到一千多年前的那个秋夜吧!请你看图读诗，然后试着说说这首古诗的意思。你可以说给自己听，也可以说给同桌听。

10. 学生讲述诗意。

| 设计意图 |

  在学生自由练习朗读古诗的基础上，指导学生注意停顿、读出节奏，这是针对学生朗读古诗时通常会出现的"停顿不合理，读不出节奏"的状况进行的朗读指导。然后教师让学生比较"语调平平地读"和"声情并茂地读"，哪一种读法更能读出诗味。这样的比较，是对学生朗读的引领，让学生在聆听的过程中把握这首诗的情感基调。教师之所以进行"配乐范读，让学生想象诗中的画面"是因为古诗语言凝练，言简意赅，对于中年级的小学生来说是不具有吸引力的。而"音乐、朗读、画面"，无疑可以缩短学生和古诗之间的距离。让学生"想象画面"，其实就是让诗人所描写的意境在学生的头脑中得以生动还原，这样，学生才能被古诗的文字魅力深深吸引，也才能真正做到和诗人心灵相通，情感共鸣。让学生"观察图画，讲述诗意"是因为小学教材中几乎每一首古诗都配有生动形象的插图，这样做既有助于学生对诗意的理解，也培养了学生的观察能力、口头表达能力，而且这样的教学设计正体现了古诗的特质——诗情画意，诗中有画，画中有诗。

三、提出问题，因何而"愁"

  1. 读了几遍诗以后，你有什么不懂的问题想提出来吗？如果是参考注释或是请教同桌就能解决的问题可以不提出来。提出的问题最好是值得大家共同思考的问题。

  2. 提出问题：第一，夜空中应该是满天星，为何是"霜满天"？第二，诗人因何而愁？

  3. 解决问题：问题一——秋天夜晚的霜透着深深的寒意，从四面八方围向诗人夜泊的小船，使他感到身外茫茫的夜空中正弥漫着满天的霜华。问题二我们过一会儿来解决。

| 设计意图 |

  让学生提出问题,这是培养学生的问题意识;而强调让学生提出有价值的问题,则是为了提高学生问题的有效性,让学生可以进行深度的阅读思考。

四、讲述故事,感受"愁"绪

  1. 诗人因何而愁呢?

  2. 学生发言。(思乡、思念亲人……)

  3. 讲故事。关于这首诗的创作还有一段故事,你想听吗?一千两百多年前,唐朝诗人张继进京赶考,就像天下诸多学子一样,十年寒窗,他们都期盼着能在这次大考中"一举成名"。发榜之后,张继在榜单上焦灼地寻找着自己的名字,一行行,一张张,他寻找了一遍又一遍,可是,所有的期盼都化作泡影,他落榜了!他满怀苦闷和沮丧地离开了唐朝的京城长安,一路上遥遥千里,不知道经过了多少不眠之夜。下次再考还要等三年以后呀!一个夜晚,当船停泊在苏州西郊的枫桥时,面对残月、暮鸦、寒霜、渔火,听着从寒山寺传出的悠远古朴的钟声,诗人张继以无比落寞的心境和孤单的情怀写下了这首名传千古的《枫桥夜泊》。

  4. 听了故事以后,再请同学们想一想:诗人因何而愁?

| 设计意图 |

  教师通过绘声绘色地讲述一千两百多年前的一则故事,把学生带到了那个不眠之夜。在课堂上讲述这则故事,不仅带给学生惊喜,而且为学生补充了"营养",让学生了解了这首诗的创作背景,深化学生的情绪体验。学生听了故事以后,会对古诗有更深刻的理解,关于"诗人因何而愁"这个问题,答案不言自明。

五、捕捉意象,破译"愁"情

  1. 听了故事,你对诗中的"霜满天"一定有了更深刻的认识,请你谈谈

自己的理解。秋夜漫漫，霜繁露重，此时此刻，寒意仅仅来自身外的大自然吗？（身寒心更寒）

2. 谁能通过朗读来表现这涌上心头的重重叠叠的寒意？指名读。

3. 你还可以从哪些景物中体会到这样的情感？请说一说。

4. 交流。

5. 都说一切景语皆情语。此时，张继所见到的一切景物、所听到的一切声音都被抹上了忧伤的色彩，让我们通过朗读来表现这样的忧愁吧！一、二组齐读。三、四组齐读。

6. "夜半钟声到客船"，你是怎样理解"客"这个字的？（独在异乡为异客、日暮客愁新）今夜的张继只是一个漂泊在异乡的过客！归途漫漫，彻夜难眠，夜半的钟声又添一段新愁！

7. 让我们听听这钟声吧。（播放钟声）夜半的钟声余音袅袅，钟声撞击着张继的耳膜，更撞击着他那颗孤寂的心灵。请你说说张继在这一声声划破寂寥夜空的钟声中听到了什么。

8. 交流。

9. 对于今夜无眠的诗人张继来说——愁就是霜天凄清，愁就是残月朦胧，愁就是乌啼悲凉，愁就是疏钟远送。（课件出示。配钟声）

10. 钟声一声一声又一声，声声都是愁！（板书：钟声　愁）

11. 配乐齐背诵！

| 设计意图 |

　　意象是诗歌中融入的作者情感的物象。诗人的情感往往通过一组精心选择的具体物象来体现，把握意象是解读诗歌的一把钥匙。这首诗中的"残月、乌啼、寒霜、远钟"等意象，都寄托着诗人的愁思。教师着重抓住了其中的"霜满天"，让学生读中悟，悟后读，体会诗人的身寒心更寒，感受诗人的绵绵愁思。播放寒山寺的钟声，则是为了渲染"愁"境，钟声一声又一声，撞击着诗人孤寂的心灵，也撞击着学生的心灵，再配上忧伤的乐曲，学生自然可以动情动容。

六、艺术欣赏，诗意总结

1. 诗味浓浓、墨香浓浓，让我们在这支弥漫着淡淡的忧伤的乐曲声中一起来欣赏几幅书法作品吧！
2. 课件出示《枫桥夜泊》的曲子与书法作品。
3. 师生共同欣赏。
4. 许多年以后，即使我们已步履蹒跚，即使我们已白发苍苍、满面尘霜，只要我们想起《枫桥夜泊》这首诗，我们一定会记起寒山寺的钟声。
5. 播放寒山寺的钟声。

| 设计意图 |

  在这一环节，通过让学生欣赏古诗改编的乐曲，激发学生学习古诗的兴趣。让学生欣赏古诗的书法作品，使学生感受书法的艺术美，感受诗歌的意境美。音乐、书法、诗歌，多维度的艺术欣赏，给予学生的是高雅熏陶。

七、特色作业，自由选择

课件出示：
①以《枫桥夜泊》为题材创作书法作品。
②根据诗意，创作一幅图画。
③诗配图，制作一张精美的书签。
④学唱《枫桥夜泊》这首乐曲。
请同学们选择自己最感兴趣的一项作业完成。

| 设计意图 |

  这样的作业设计，是立体的，也是与教学设计相照应的。学生可以在创作书法作品、创作图画、制作书签、学唱乐曲的不同形式的作业中任意选择。这样的作业设计，不仅可以培养学生的综合素质，也是对学生学习自主性的尊重。

成长故事

把每一个日子过成诗

把每一个日子过成诗

1991年，我初中毕业时，瞒着母亲偷偷报考了师范。那时候师范是提前招生，师范录取分数线也比重点高中高出几十分。之所以瞒着母亲填写报考师范的志愿表，是因为我知道母亲是坚决不会同意我做教师的。

我的母亲是一位中学教师，她工作极其认真，我记得她的每一本备课笔记，从第一页到最后一页，都写得工工整整，哪怕是退休以后被继续留用时，她的备课笔记仍然写得一丝不苟。她经常把一些家境不好的寄宿生带到家里改善伙食；学生生病了，她带着学生去医院，跟着母亲忙前忙后的总是父亲。父亲是一位温和儒雅的医生，他总是尽一切所能支持母亲的工作，从无怨言。自从记事起，每年寒、暑假，我家里都会有已经毕业的学生来看我母亲。过节时，那雪花般飞来的贺卡更是塞满了母亲办公桌的抽屉。目睹着这一切，一颗种子早早地埋在我幼小的心中，那就是长大后要做一位和母亲一样深受学生喜爱的教师。做教师的甘苦，只有自己知道，母亲虽然感受着为师的幸福，却不舍得让自己的女儿再重复她的辛苦。母亲有着切身的体会：做教师是辛苦的，做一位优秀的教师，更加辛苦。

当母亲得知我偷偷报考师范以后，决定到扬州招生办修改我的中考志愿表。如果没有那一场洪水，依照母亲说一不二的性格，她一定会去招生办，一定会把"师范"这两个字从我的志愿表上抹去。1991年暑假的那场洪水，是兴化百年以来最大的一场洪水，公路看不见了，田野看不见了，目之所及，一片汪洋。母亲收拾好行李准备出发去扬州，父亲担心母亲的出行安全，一遍遍劝说，母亲这才打消了去扬州招生办修改我的志愿表的念头。师范的面试如期而至，绘画、舞蹈、朗诵，一项项过后，我面试的分数名列小组第一，1991年9月，我终于如愿以偿地走进了高邮师范的大门。人的一生实在是有太多的偶然性，如果不是那场洪水，我就不会读师范，也就不会成为一名小学教师。

"没有书，人生便失却了一大半的精彩。"这句话是我被评为兴化市中小学教师读书之星时写下的读书感言。从记事起，书就成了我生命中不可或缺的伙伴。常年教毕业班的母亲，整日忙忙碌碌，除了工作就是家务。她给童年时期的我订阅了《儿童文学》《少年文艺》……只要一捧起书，我就忘记了一切。曾经好几次，母亲让我看着快要烧开的粥锅，可是，漫溢出来的粥汤浇灭了炉火，看着书的我却浑然不觉。母亲见我如此痴迷于阅读，又给我买来了《三百六十五夜故事》《安徒生童话》……

童年夜晚偷偷读书的情形至今记忆犹新。母亲去上晚自习，安排我早早睡觉，我睡前总是习惯看上几页书的，有时候书中的情节吸引得我欲罢不能，不知不觉就过了母亲规定的睡觉时间，直到母亲的脚步声越来越近，在房门被推开的一刹那，我才会赶紧把书放在枕边，假装已经睡熟。到现在我还记得吊在床头的那盏细细长长的小夜灯，绿色的玻璃灯管，那么柔和，夜晚如此静谧……

初中时，当其他同学埋首于题海时，我依旧沉迷于书的世界。那时候，我们住在学校的家属区，邻居都是老师，几乎每位老师的书柜前都曾经有我的身影。屠格涅夫、托尔斯泰、泰戈尔、顾城、北岛、舒婷……他们的作品丰润着我的世界。那时，我迷恋上了朦胧诗。前几日我还在爸爸的书橱里翻出了几册书页已发黄的朦胧诗诗集。说起朦胧诗诗集，我就不由想起我曾经拥有的一本《十大流派朦胧诗选》。厚厚的一本，淡紫色的封面，这本书是我的班主任老师外出学习时买下的，看我喜欢，便送给我作为生日礼物。后来这本书被另一位老师借了去，却再也没有还给我。这么多年过去了，我对这本失落的诗选依旧念念不忘，我在各种网上寻觅，却终究一无所得。这件事给我的启示是：千万不要向爱书的人借书，更不能有借无还，不然会被书的主人惦记一辈子的。

　　师范三年，我几乎借阅了图书馆所有的诗歌集、小说集、散文集。我住在宿舍下床，因此光线不是很好，又因为没日没夜地疯狂阅读，我的视力急剧下降。那时候，最让我憎恨的就是熄灯号，看了一半的小说让我全无睡意，故事中人物的命运牵动着我的心，我只能打开手电筒继续阅读。当时，我零花钱中最大的一笔开销就是购买手电筒的电池。

　　对书实在痴迷的我甚至会花上两毛钱去学校门口名为"三味书屋"的租书屋租书看。每读完一本好书，都会有满"目"留香之感，那种滋味，也只有全身心地投入书本的人才能感受到。若是一个悲凉的故事，不仅阅读时它会赚足我的眼泪，此后的几天，我都会沉浸在感伤的情绪中，无力自拔。"三味书屋"的主人程大爷，戴着黑框眼镜，颇为儒雅，我竟和他成了忘年交。他把自己珍藏的一本本好书推荐给我。如今忆起程大爷给我的种种优待，一缕温情仍荡漾在心头。

　　工作以后，书籍依旧是我最好的朋友。读书是一件美好而幸福的事情！与书相伴，人生才不会那么无趣！爱读书应该是所有语文教师的共性，如果教师都不爱读书，又如何来引导学生读书呢？只要手捧一本自己喜爱的书，即使周遭的世界再喧哗，我也可以充耳不闻，我只沉浸在文字中，沉浸在作者编织的悲欢离合之中。散文、诗歌、小说，我都喜欢读，还特别偏爱几个作家——梁实秋、林语堂、张爱玲、张小娴；有几部读了又读却从不会厌倦的书——《荆棘鸟》《简·爱》《穆斯林的葬礼》……孩子们喜欢的儿童文学，我也是一样喜欢，曹文轩、黄蓓佳的每一本儿童小说我都细细读过，然后和学生分享书中的每一份感动；《夏洛的网》《窗边的小豆豆》《追踪小绿人》《又见小绿人》……每一本我都爱不释手；《读者》《儿童文学》《少年文艺》，这些杂志也常住在我的案头床边。我的包里总是会放着一本书，记得有一次，我忘了带家门钥匙，我在那天的博文中这样写道：

　　下班后，到超市买了一大堆日用品，到了车库门前，找遍了口袋和包，却不见钥匙的踪影，猛然想起，中午离开家时，并没有带上钥匙。先生去接涵涵了，大概要到七点多才能回来。我只能在黑漆漆的过道里等他们回来。

过道里的灯是触摸式的，大概每隔一分钟就要按一次开关。包里有一本杨照的《迷路的诗》，进不了家门的我读着"迷路的诗"，也算是一种巧合吧。我本来是坐在电动车后座上看书的，可每次灯熄了，都得走到开关那里去开灯，实在太麻烦，我干脆就捧着书站在开关旁，一边看书，一边不时地按一下开关。

这本书实在是精彩，我似乎走进了杨照的青春时代，和死党们通宵编写校刊；看着白墙上的"香闻世界的上岛咖啡"，觉得"香闻世界"这样的字眼很接近诗；喝醉了酒到心仪的女孩丫的巷子口，打电话约她出来，等待的时候，从书包里拿出纸笔，顶着没有灯的电话亭凉沁的玻璃，匆匆写下一首诗：

> 今夜我的座椅将不再当窗
> 木纹细腻的封锁悄然取代了
> 凉风习习的想望
> 子夜街头变化的寒潮气候
> 以及寂寞以及慰疗寂寞的拥抱
> 都将不再与我干涉
> 今夜当窗的心情不再干涉
> 我私自暗拟虚构的剧目
> 死了朝菌死了蟪蛄死了蜉蝣
> 短暂的生命轮回中
> 演了一遍又一遍又一遍
> 无谓的殉情与无聊的等待
>
> 今夜我封锁所有的心情
> 不再等你……

记得曾在一本书中读过这样的文字："诗歌是属于青年人的，散文属于中年人，而小说是和老年人最相宜的。"诗歌这样的字眼，似乎总是涂抹着热血的鲜红，伤感的青灰。不禁想起多年前，我曾在小本子上一首首地抄录着席慕容的诗，每一首都是那么爱不释手。可是，多年以后，在这个冷冷的过道里，在这个黑黑的过道里，在细细地咀嚼着少年时的杨照写下的这首诗时，我捡拾起多年以前的记忆，那时候，诗从不会迷路，因为，它一直在我身边……

一位学生家长在这篇博文下面写下了这样的评论：

读到这里我都要笑出声来，老师太认真，像个热情的学生痴迷于读书。可是我再也找不到这种读书的感觉与激情了，也许我比老师的心理年龄要大一些，没有老师的心境好。

后来，我在一位师长的文字中读到这样一段：

她是那样一个人。回家时忘带钥匙，淡定地掏出一本诗集，静静地倚在过道里，透过花窗的夕阳余晖在书本上斑驳，游移、黯淡，沉寂中只剩下诗意的氤氲……

想必这位师长一定也读到了我的这篇博文，而且这个在过道中读书的场景给他留下了很深的印象。

自从儿子读初中后，每次在校门口等孩子放学时，不管周遭如何喧嚣，手捧一册书的我如入无人之境。这两年来，有好几本书就是在校门口读完的：《山居岁月》《童年的秘密》《陆犯焉识》……

回顾往事，这几个最难忘的读书故事不得不说：最艰难的是初三时躲在被窝里看琼瑶的小说，被窝里闷得透不过气来；让我流泪最多的是霍达的《穆斯林的葬礼》，读第二遍，依旧是泣不成声……

因为爱读书，我加入了"凤凰读书会"，在凤凰语文论坛的读书空间里，我主持的"集成楼语丝录"读书交流帖被评为2008年度凤凰语文网"十佳读书随笔专辑"。

作为父母，如果你是爱读书的人，那么你的孩子必定会潜移默化受到你的影响，也会爱上读书。我的孩子在一年级入学前，我给他读了几百本童书，他每晚必须伴着我的朗读才能安然入睡。从那时候起，他就迷恋上了文字。小学六年，他读过的书不少于一千册。吃饭时，他的面前永远有一本书，我的母亲认为吃饭时看书不是好习惯，就劝阻他，他是这样对外婆说的："外婆，您知道吗？再好吃的菜如果没有书看，也是不下饭的。"在他看来，书才是最下饭的"菜"。他甚至还想出办法在洗澡的时候看书。我们家淋浴房外面有只箱子，我发现每次他洗澡过后，总有一本书贴着淋浴房的玻璃被竖着放在箱子上。他后来告诉我说，透过淋浴房的玻璃可以边洗澡边看书，看完一页，手伸出去就可以翻到下一页继续看。这个小书虫与我相比，真是有过之而无不及。

作为教师，如果你是位爱看书的人，那么你必定可以影响一群学生。每年放暑假前，我都会找一个休息日到新华书店待上半天。我看到适合学生阅读的图书，就会记下书名和出版社，每次，我会记录一百个。到了学校，我让学生在书单上挑一本自己想购买的书，然后在书名后记下他（她）的名字，下一位同学再挑选，不能够重复。这样，60 个学生，即使每人只买 1 本书，班级的图书角就会有 60 本不同的图书了！我刚刚送走的六（8）班，在 4 年的时光里，每个学生都读了几百本经典图书，这些图书给他们涂抹出了鲜亮的人生底色。

2012 年，我教一年级，学生还不识字，自然无法记下书名。从第一学期开始，我每学期都会把书单发送给我们班一位热心的家长——汪一舟的爸爸，他会在网上把这些书一一买全，费用由班里自愿参加购书的家长分担。这学期，汪一舟的爸爸告诉我，班里共有 41 位家长自愿参与购书，自愿购书的家长每位承担 25 元书款，全班就拥有了几百册精品图书。学生每天到校的第一件事就是到图书角借书看，阅读已经成了学生的习惯，像呼吸一样自然。每天的午读时光，散发着油墨香的图书静静陪伴着我和学生。学生或微笑，或沉思，在书海中徜徉；我手捧书册，静立，亦沉浸于其中。教室里是那么安静，那么芬芳！

阅读为专业成长铺下了奠基石，而磨课则是专业成长的一条捷径。只有经过一节节公开课的捶打与磨炼，你走进课堂时才能更成熟、更自信。

至今，我还清楚地记得 19 岁那年，校领导第一次听我的课时的情景。那堂课我教的是《翠鸟》，为了上好这节课，我精心备课，反复修改教学设计。

那时候还没有多媒体设备，课文里出现了许多描写翠鸟羽毛颜色的词语，为了让学生能更直观地认识这些颜色，我用心准备了一张张与这些色彩名称匹配的色卡。可当时的我看到教室后排一一就座的校长、主任、同事，紧张得连声音都有些颤抖，好不容易才上完这节难熬的课，下课时发现竟然忘了出示这些精心准备的色卡，自然好生一番悔意。校领导给我评课的情景历历如昨，我一边听一边在笔记本上记录，密密麻麻记下的尽是谆谆教诲。他们给我提出了一条又一条的缺点，我的脸一阵阵发红发烫。我在心里默默对自己说：我一定要加倍努力，我一定要做最好的自己。

知耻而后勇，从那以后，我更加认真地对待每一节课，因为，我想做得更好！还记得第一次上全市公开课《鱼游到了纸上》。我反复地设计教案，试教，修改。每天傍晚，公务繁忙的姚校长忙完手头的杂务都要来到我的教室，听我模拟讲课。

空荡荡的教室里，我站在讲台前，边试教边板书，姚校长坐在课桌边凝神地听着，不时举手回答我提出的问题。暮色四合的校园里，静得甚至能听见落叶的声音。每天回家时，陪伴我们的只有教学楼前的那几盏光线柔和的路灯！

第一次公开课反响不错，这让我有了几分信心，我深信：阳光总在风雨后！

29岁，我踏入了兴化市文正实验学校，走进了一个温暖的集体——文正小语组。颇具大家风范的季霄凌校长，潜心教研的赵冬俊组长，写得一手好字的邱加明老师，精通诗书画的孙晓芳，才思敏捷的杨莉……从他们身上，我学到了很多很多。那三年，我阅读了不少教育教学的专业书籍：《教海漫记》《教育的理想与信念》《优秀教师的九堂必修课》……

3年后，我重回实验小学。

2009年4月，在泰州市青年教师优质课评比活动中，我既背负了磨砺的痛，又体验到了收获的喜悦，那是一段难以忘怀的记忆。

3月底，我首先参加了学校组织的优质课评比，我精心准备了《赶海》一课，在完成了教学设计以后，我又来到文正实验学校，利用学生上晚自习的时间进行试教。试教结束，小语组的教师们又一句一句地帮我推敲教案，讨论完毕，已是深夜。走出教学楼，才发现外面的世界已是白茫茫一片，那是记忆中最大的一场雪。顶着漫天飞舞的春雪，慢慢骑行在回家的路上，心头溢满了对文正的兄弟姐妹们深深的感激。

我的《赶海》一课得到了评委们的一致好评，在低年级段教学中位列第一名，也因此获得了参加泰州市第八届青年教师优质课评比的入场券。我深知这次比赛对我来说是一次宝贵的学习与锻炼机会，既然机会摆在面前，我就必须尽全力，力求做到完美。我将一到六年级下册的语文教材都翻了一遍，最后，才确定了参加比赛的课文——《槐香五月》。在准备比赛的二十天时间内，我一遍遍地设计教案，一遍遍地试教，一遍遍地修改。为了准备这次比赛，我几乎是废寝忘食：每天晚上入睡前，我都是默默地将教案在心里复述一遍；清晨醒来，第一件事就是再次温习教案。那些个日子，就连做梦也是和赛课有关的内容。在磨课的过程中，我收获最多的还是深深的感动：第一次试教是在文正，那天赵冬俊老师请来了许多教师听课。第一次试教的效果很不理想，课堂气氛不活跃，拖堂几乎达十分钟。一听完课，教师们便集体来到会议室评课，从文本的解读到教学环节的设计，甚至细微到课件上文字的颜色，每一位听课的教师都提出了自己的看法和意见，他们给了我真诚而无私的帮助，我的心中充满了感动。

在实验小学，我又试教了第二次，第三次，一直到第五次，每一次试教，同年级的教师都早早地将学生带到多媒体教室，他们听了一遍又一遍，不厌其烦。李艳芳老师还逐字逐句地听我背教案。我记得那段时间孙校长声带受损，发不出一点声音，他便把听课的点滴心得都写下来。看着他写下的那一行行密密麻麻的文字，我的感激无以言表。还有杨校长、赵主任、徐主任，他们都用自己的方式给了我最大的帮助和支持！

比赛的那一天，我抽的是下午的最后一节课。当我走上阶梯教室讲台的时候，我觉得比赛的结果已经不那么重要了，重要的是这一路走来我除了磨砺了自己，还收获了那么多真情！我自信而低调地走上了赛场，当下课铃声响起的时候，台下热烈的掌声告诉我，这节课很成功！第二天，当泰州市教研室的鞠主任宣布我以总分第一的成绩夺取了泰州市第八届青年教师优质课评比的冠军时，我的心中胀满了喜悦！

2009年5月，我代表泰州参加了在连云港举办的江苏省第十一届青年教师教学观摩活动。其实，这节课我已经准备得非常充分了，但我依旧在宾馆里一遍遍地温习教案。5月7日，我走上了连云港黄海大剧院的舞台，台下是来自全省各地的上千名教师。在和学生进行了轻松愉快的课前交流后，我带着他们走进了美丽的槐乡，我和学生共度了难忘的"槐乡之旅"！省教研室的专家对我的这节课给予了高度的评价，我执教的《槐乡五月》荣获了江苏省第十一届青年教师教学观摩活动的一等奖！

2010年12月，我作为泰州赛区的代表，参加了第三届苏教版全国课改实验区阅读教学大赛，我执教的《我和祖父的园子》再次荣获一等奖。

每一次参赛，都是一段艰苦的跋涉；每一次磨课，都是一次自我提升的过程。这一次次难忘的经历，可以用这样一句诗来诠释——为伊消得人憔悴，衣带渐宽终不悔。

如果想在专业成长的路上走得更高更远，就不得不说说课题研究。或许有些年轻教师觉得课题研究是离自己很遥远的事情。同样，一直到2008年，对于那时已不再年轻的我来说，课题研究仍然显得那么陌生而遥远。直到有一天，儿童诗走进了我和孩子们的生命中。提到与童诗结缘，不能不说起我的孩子——涵涵。

记得他3岁时曾这样说："天是云的家，云是雨的家，为什么会下雨，因为雨宝宝要出来玩玩！"我以为他在背幼儿园老师教的儿歌，他却说是他自己想的。那是我第一次感觉到，儿童的心中藏着一颗诗意的种子。

我曾把涵涵富有诗意的话语都记录下来，题为《涵涵语录》。我把他抱在怀里，他说："我冷得像冰块，妈妈把我焐成太阳。"我给他穿上晒得暖和的棉鞋，他说："我把太阳踩在脚下了。"

周国平在《宝贝、宝贝》这本书中写道：事实上，在人的一生中，幼儿期是语言能力的高峰，对于大多数人来说，也许是以后再也抵达不了的。根据我的观察，我确信，儿童都是小小语言专家，对语言的感觉非常细腻，同时，又是天生的诗人，那些富有想象力和创造性的表达绝对是成人难以企及的。可是，我发现，自从涵涵上小学以后，诗意的表达却越来越少了。我不禁深思：儿童逐渐丧失天性中的诗意，是因为他们的想象力受到制约和伤害了吗？为了保护儿童的想象力，为了尽可能保留他们言语中的诗意，我们可以做些什么？

2008年暑假，我几乎是泡在"中国儿童诗网"上，我在网上研读童诗教学的理论文章，欣赏经典诗作，阅读教学课例。我还试着创作儿童诗。那时候，我真的像着了魔一般，每天想着的就是童诗，一有灵感，就赶紧拿出纸笔写下来，生怕灵感不翼而飞。

2008年9月，我接了一个新班。从开学那天起，我和三（8）班的60个学生甜蜜而幸福的童诗之旅开始了……至今，仍清晰记得，我给他们读的第一首童诗是金波的《下雪的声音》：

下雪的天气很安静/我在静静地倾听/啊，我听见了，听见了/听见了下雪的声音

是什么样的声音/像小鸟飞？像微风吹/噢，不对，不对/那声音真美

下雪的声音像一首歌/在我心中回响/还有一幅图画/在我梦中闪亮

我听见/雪花引领着春天来了/她的身后/是春天的鸟语花香

读诗的我是陶醉的，陶醉于如此优美的文字；听诗的学生也是陶醉的，陶醉于那静谧的意境！那一刻，我似乎感觉到教室里静静流淌着一条诗意的河流！

欣赏童诗，可以激发学生的想象，柔软他们的心灵。春天快要悄悄离去的时候，我给学生读《春天被卖光了》：春天是一匹，世界上最美丽的彩布。燕子是个卖布郎，它随身带着一把剪刀，把春天，一寸寸卖光了。

读完后，我说："这是多么大胆奇特的想象呀！"你眼中的春天又是什么样的呢？它是怎么来的？又是如何去的呢？

生1："春天是从柳条上滑下来的。"

生2："春天变成柳絮飞走了。"

生3:"春天是雪花仙子离开时送给大地的一幅画。"

……

我把金子美玲的《积雪》读给学生听:

上层的雪/很冷吧/冰冷的月亮照着它

下层的雪/很重吧/上百的人压着它

中间的雪/很孤单吧/看不见天也看不见地

听着听着,学生被深深打动了。

生1:"上层的雪好冷,我真想为它盖上暖暖的被子。"

生2:"我以后走在雪地上,要轻一点,再轻一点,我怕雪会痛呢!"

生3:"我好想去陪陪中层的雪,让它们不再孤单!"

……

欣赏童诗,就是一次次唤醒的过程。童诗,点燃了学生心中最温柔、最善良的光芒。

就这样,每天早读课,都是我和学生共同的诵读童诗的甜蜜时光,我带着他们读了大半年的童诗,偶尔也指导他们创作童诗。

2009年5月,鞠主任带我去连云港参加江苏省教师教学观摩活动时,在闲谈中得知我在带着学生读童诗写童诗,还听说我写下了几万字的童诗教学笔记,他很感兴趣,问我是否可以把童诗教学笔记发给他看看,还鼓励我申报童诗教学的课题。我从连云港回到兴化,把教学笔记发给了鞠主任,他又转给了《泰州教育》的编辑戴处长,没想到的是,不久我就在《泰州教育》上读到了我这一组教学笔记。

2009年12月,我申报的课题"儿童诗阅读欣赏与创作的探索和实践"通过了江苏省教研室的评审,顺利立项。还记得最初写课题申报书、开题报告等一系列材料的时候,真可谓心力交瘁。对于毫无课题研究经验的我来说,要想完成这些任务,其难度可想而知。这时候,我骨子里的那份倔强劲儿又冒出来了,我对自己说,要么不做,既然做了,就力求最好!我先是在网上学习范本,然后自己依葫芦画瓢地试着写,写好以后再请专家指导,根据专家的修改意见,再一次次修改。就这样,我终于完成了课题研究的前期工作。

做童诗教研课题的这几年，我阅读童诗教学理论书籍，上童诗课，撰写童诗教学的论文，整理学生创作的童诗并投稿，事无巨细，每件事我都力求做得完美。一分耕耘，一分收获。2013 年，我的课题不仅顺利结题，还获得了江苏省优秀教学成果奖。

"岁月在悄然流逝，唯有文字可以将瞬间铭刻成永恒。"这是我写在我的博客上的一句话。

我读小学三年级时，宋素琴老师教我语文，她来自溧阳，是一位插队知青。她一口标准的普通话让我听得入迷，听她的课，总觉得下课铃响得太快。暑假里，妈妈拜托宋老师辅导我写作文。我记得宋老师还送给我一本书，名为《作文入门》。我还记得那个暑假，我整整写了两大本作文。从那以后，我再也没有觉得写作文是一件困难的事。开学后，妈妈的同事（校团支部书记）偶然间翻看我的作文本，发现一篇题为《门前的小河》的作文写得特别好，便把这篇文章一字不改地抄写在操场边的黑板上。

那时候，中学和小学之间仅仅由一条小径相隔，某一天，班里的两个男孩看到了黑板报上我写的那篇文章，或许是因为嫉妒吧，他们质问我的作文是不是抄袭来的，还挑出文章中他们不太理解的词语当面拷问我。我记得当时自己委屈得掉泪，却不愿意做任何解释。那可以算作我第一次发表文章了，虽然只是发表在学校的板报上。从此，我对写作越发痴迷。

五年级，我的语文老师刘源茂每次讲评作文时，总会挑出写得好的作文在班里朗读。每一次都会读到我的作文，我对自己写作水平的自信或许就是从那时候开始的。刘老师每个月都会把同学们的优秀作文装订成册，还会为我们的作文小册子设计精美的封面，然后在小册子的一角钻一个小洞，再系上白线绳挂在教室前面。在物资极其匮乏的年代，那一本本作文小册子，不仅成了同学们争相抢阅的课外读物，还极大地点燃了我们写作的热情。

初中时，教我语文的是王金安老师。我妈妈曾经是他初中时候的班主任，听妈妈说他文采出众。后来，我也曾不止一次地阅读过王老师创作的小说和诗歌，果然不凡。初中三年，我从未受过遨游题海之苦，我反倒有了更多的时间阅读和写作。从初一那年，我养成了记日记的习惯，每一天，我都用文字记录或温暖或感伤的情绪。尽管我从未像其他同学那样为了迎接中考死记硬背知识点，拼命做题，可每一次统考，我的语文成绩一直是第一名。

周来宏老师是我的文选老师，最难忘的是他的"今日文学"课。"文学"这个词儿，不管在什么时候，听起来都是那么美好，至少对于我说来是这样的。每周四，周老师会把他一周以来在报纸杂志上读到的最喜欢的文章读给我们听，他的"今日文学"好似新鲜出炉的面包，散发着浓浓的麦香。每周的"今日文学"课，对于我来说，都是一次极其愉悦的精神之旅，无需思考，只要静静聆听，默默地用心去感受它的美好……

我的作文也不止一次地被周老师当作范文朗读评点，在周老师的指导下，我第一次投稿就被发表了。那篇文章题为《妈妈的旗袍》，发表在《中师生语文报》上，我还拿到了5元钱的稿费。从那以后，阅读、写作、投稿似乎就占据了我全部的业余生活。毕业时，我已经发表了几十篇散文。

2009年，我建立了名为"似水流年"的网易博客，我想记录下和学生共度的美好时光。我把自己的想法告诉学生，还将自己博客的地址写给他们，他们可以随时检查我的"作业"，我要成为他们的榜样。除非出差，每天我都会记下我们的校园生活，绝不拖欠作业。

从那以后，博客成了我和学生创作的园地。"永远的六（8）班"是学生创建的博客群，当他们邀请我加入时，当"永远的六（8）班"这几个字跃入我的眼帘时，我不禁热泪盈眶……

我为原来六（8）班的学生写下了十万字的博文——《我们的六年级》。

2012年9月，我又为我的一（6）班的学生记下了几万字的博文——《一年级，我们一起走过》。

博客成了我与家长和学生交流的新平台，他们在我的博客上给我留下了许多温暖的文字。

我生病时，学生在博客上留言："老师，您要好好休息，祝您早点康复。"

我的脚被教室里的书柜砸伤了，学生留言问："老师，您的脚还疼吗？"

节日的时候，学生给我留言："老师，祝您节日快乐！"

一行行稚拙的文字背后是学生一颗颗晶莹的童心，我感受到了他们对我的关心，我感受到了他们给我的爱，我真的觉得自己是世界上最幸福的人，因为有这样一群可爱的学生与我整日相伴。

家长们也在我的博客上留下了鼓励的话语，让我感动颇多：

我的孩子在您的带动和不断鼓励下，作文水平明显提高，最关键是他对写作发生了兴趣，谢谢您！

顾老师，您辛苦了！我们面临的现实和教育的理想之间，有时竟是那么遥远，但教育人应该明白，教育为了什么？……不要纠结了，不被理解，那不是你的错，只要利于孩子的终极发展，就从这点出发，勇敢前行！

别太累！注意身体，祝您早日康复！

……

当初写博客，只是想用文字记录生活和工作中的点滴，我并没有想到写作的习惯竟然给我带来了那么多意外收获。校长读了我的博客，鼓励我将博客上的文章结集出版，2012年，三十余万字的《行走的风景》由北方联合出版传媒集团出版。《小学教学》的编辑读了我的博客，主动约稿。参加泰州教育局组织的三进座谈会，《人民教育》的任小艾主编听了我讲述的童诗教学的故事，向我约稿，2013年第11期《人民教育》发表了我的文章《童诗 童年》……

如今，我的微信公众号"竹影居"里又有了五百多篇教学随笔，2021年，我的新书《我就想静静地教书》出版。

梭罗曾经这样说过："我不相信，没有种子，植物也能发芽，我心中有对种子的信仰。让我相信你有一颗种子，我等待着奇迹。"只要我们心中怀有对种子的信仰，只要我们弯腰播下一粒种子，一天天，一年年，我们一定会等到收获的那一天。

我和所有的一线教师一样,深深感受着做教师的辛苦,我们几乎所有的时间都被工作填满了,除了备课改作业辅导学生,还得完成一个个"突击"任务。我会感到疲惫,我会感到厌倦,我甚至想要逃避,这些情绪,我都曾经有过。可是,我们无法改变环境,我们唯一可以改变的只有自己。

记得刚走上讲台时,我还不满18周岁,面对着比我小不了几岁的淘气男孩,我常常束手无策,甚至经常被他们气得掉眼泪。

时光流逝,年岁见长,初为人师的青涩渐渐离我而去。特别是做母亲后,我对学生们愈发有耐心了。那段哺育婴儿的操劳的岁月,除了让我感知了作为母亲的辛劳,更深的体会则是:不管是漂亮还是丑陋的孩子,不管是聪明还是愚钝的孩子,不管是乖巧还是顽劣的孩子,他们都是妈妈的宝贝!几乎每个孩子都长期笼罩在饱含着浓浓爱意的母亲的目光中,这爱的目光伴随着孩子一天天长大,这爱的目光时时在提醒我:绝不能放弃任何一个孩子!

和学生朝夕相处的日子里,深厚的师生情谊让人无法割舍。在学生的眼里,我不仅仅是老师,有时像妈妈,有时像姐姐。

我的顾老师

兴化市实验小学 六(8)班 孙可桢

她,一头乌黑的长发,瘦瘦的瓜子脸,高高的鼻梁下有一张能说会道的嘴。你别看她身材瘦小,她还是我校的跳绳冠军呢!她就是我们的班主任——顾老师。

顾老师有一双"会说话"的眼睛。每当我们取得进步时,她的目光中充满喜悦,好像在说:"你们真棒!但不要骄傲,学无止境。"每当我们因为什么事情灰心气馁时,她的目光中充满鼓励,好像在说:"不要气馁,努力吧!相信自己,一定会成功。"每当我们班有人违反纪律时,她的目光中就充满忧虑,好像在说:"你是学校这个大集体中的一员,可不要违反纪律呀!"

顾老师是一位教学有方的好老师。每次上语文课,顾老师总是讲得绘声绘色，她会经常讲一些好听的故事来吸引我们，听着听着，我们仿佛身临其境，变成了书本中的人物。当我们遇到难写难记的字时，顾老师总能编出好记的方法。有一次，课文里学到"边疆"的"疆"，同学们写这个字时，不是少了"土"，就是少一横，老师就形象地给我们作比喻："有三排拿着弓的士兵，隔着一亩田的距离，守卫着祖国的边疆，使国家领土不受侵犯。"自从顾老师讲过以后，我们再也没有人写错这个字了。

　　顾老师像妈妈一样关心着我们。记得有一次，我肚子疼，直冒冷汗。顾老师见我脸色不好，走到我身旁，坐了下来，轻轻地抚摸着我的头，问："你怎么了？"我带着哭腔说："我肚子疼。""那你趴下来休息一会吧！"顾老师轻声说道。为了不影响别的同学，她又继续上课了。下课铃刚响，顾老师便来到我身边，焦急地问："好些了吗？要不要告诉家长。"我摇摇头，说："不用了，不怎么疼了。"顾老师又和蔼地说："你在位置上休息一下吧，如果难受一定要告诉老师。"我点了点头，听了顾老师亲切的话语，好像有什么东西流入了我的心田里，暖暖的，肚子也不怎么疼了。

　　有时顾老师会像一位大姐姐一样和我们一起玩耍、做游戏。你看，"顾姐姐"正在和朱朝辉PK呢！比赛项目是原地小跑，看谁跑得时间长。只见朱朝辉满脸通红，脚步飞快，地面都被他踩得一震一震的。而顾老师面带微笑，脚步平缓，马尾辫在后面一甩一甩的，真像一只轻盈的飞燕。渐渐地，朱朝辉脚步越来越沉重，过了一会儿，他终于支撑不住，大叫起来："不行啦！"他对着顾老师竖起了大拇指，气喘吁吁地说："顾老师……我……真佩……佩服你！"顾老师开心地用手做"V"字状，还跟我们讲起了跑步的小技巧。你看，此时的顾老师不正是我们的大姐姐吗？

　　忘了告诉你，顾老师还是一位诗人呢！她一有空就教我们写儿童诗。在顾老师的教导下，渐渐地，我们的想象力丰富了，我们的作品越来越多，别班的同学都对我们刮目相看。我们班还设立了一个"诗花朵朵"宣传栏呢！

　　这就是我们的班主任顾老师，我爱我们的老师。

　　每次外出学习，学生都会在日记中表达他们的想念。他们说，我不在家的日子，他们总觉得心里空空的，似乎少了些什么；他们说没有我的陪伴，他们感觉到了寂寞。他们在日记里把我安排为我们班学号为 61 号的学生。他们说，我们班不能少了 61 号，他们在日记中呼唤着我早点回来。

读着学生的日记，我不禁热泪盈眶，能被学生惦记着、想念着，被他们盼望着早日归来，这是多么幸福的事。我希望我永远是学生中的一员，我最大的愿望，就是能作为 61 号一直与他们一路同行！

2012 年元旦，我和学生一起迎接新年。我给他们写下了这样一段话。

亲爱的孩子们：

时光总是在不知不觉间倏忽不见，2008 年，第一次见到你们的情景似乎还在眼前，如今的你们，长高了、长大了，也快要离开这座生活了 6 年的校园了。

顾老师陪伴着你们走过了 4 个年头，今天，将是我们最后一次共同迎接新一年的到来。明年此时，你们将会各分东西，你们会在不同的校园、不同的班级，和不同的老师共度新年。

在这些朝夕相处的日子里，有时候，你们表现不好的时候，顾老师也会生气，甚至给你们严厉的批评，但是，顾老师一直深爱着你们每一位！表扬是爱，微笑是爱，批评是爱，生气也是爱。

在最后的 6 个月的时光里，顾老师真心希望你们能给他人留下美好的记忆。老师祝愿你们在人生的旅途中向着自己的理想前行，不要停下奋斗的脚步。

你们长大成人的那一天，欢迎你们回到我们永远的六（8）班，回忆我们共度的美好时光！

当我将这一段文字投影到屏幕上时，我刚刚读出"亲爱的孩子们"这几个字便哽咽不已，我再也无法往下读，哪怕只是一个字。

我请魏苏颖接替我往下读，读着读着，她也红了眼眶，读着读着，她已泣不成声。而坐在下面的学生也都泪流满面。谁也不曾想到，我们竟然是在泪水中迎来了 2012 年。

如今，当我在校门口等儿子放学时，原来六（8）班的学生远远地看到我就笑着喊起来："顾老师好！"那位叫陈音潼的女孩还特地跑到我身边问："老师，我可以抱抱您吗？"我微笑着和她紧紧拥抱，眼里却已泛起泪花。

2012年9月，我迎来了一（6）班的45位学生，我继续为他们写博客。我们班好多学生的家长也在我的影响下给自己的孩子写博客，这是我们班安安的妈妈写下的一篇博文：

盘点我们的爱

从8月30日开始，顾老师开始为一（6）班45名孩子写博客。至9月20日，顾老师写了19篇博文，篇篇饱含真情，令我们这些做家长的特别感动。

因为顾老师，我也开始为孩子安安写博客，我的博客名为"妈妈的爱"，首篇是《安安要上学了》。

读顾老师的博客成了我生活中的乐趣之一，顾老师的博客每次更新后，我都希望先睹为快，做第一个读者，第一个发评论、写感悟……

陈浩然的妈妈是第二个拜读顾老师博客的家长，她也给自己的孩子开了博客，起名为"足印——和儿子一起成长"。随后是李子木的妈妈，她的博客名为"爱在心间"。

我欣喜地发现顾老师博客上的家长又多了几位。9月18日"旺崽俱乐部"在顾老师博客上讲话，感谢顾老师的付出，我猜测他是汪一舟的爸爸。9月19日王楚钰的妈妈到顾老师博客上交流了孩子完成写字作业的心得。9月20日顾晨笑的妈妈也开始在顾老师的博客上留言。

谨以此文献给顾老师，献给45名学生和他们的家长们，我们携起手来，为了孩子们的明天更美好！

"为了孩子们的明天更美好！"这是一个多么朴实的愿望，这是我和家长们的共同愿望！

守护学生的成长，最需要呵护他们一颗颗晶莹的童心。

我把小乌龟带到教室，学生可以轮流把小乌龟带回家喂养，他们写下的关于小乌龟的文字洋溢着童趣，充盈着温情。如今，我们的教室里，养着小蝌蚪、小乌龟、蚕、蜜蜂……学生在照料这些小生命的过程中懂得了要善待每一个生命。对生命的敬重,是每个学生心灵课程中最重要的一课。

春天,我和学生一起把教室阳台开发成农场,播下种子,我们静静守候着种子发芽。李子木在日记里这样写道:

我们的植物种子播下去一星期了,今天有些同学发现自己的种子发芽了。他们特别高兴,围着小花盆兴奋地讨论着哪颗芽长得高、长得好。

我也来到阳台看了看我的小花盆,我的小白菜种子还在睡觉呢,一点动静也没有。我真有点着急,我的小白菜会不会不发芽呢?

小白菜呀小白菜,我等你快快发芽。

读着这篇题为《等待》的日记,我心里暖暖的。慢慢地等待一颗种子的发芽,这是学生成长过程中不可或缺的期待;慢慢地等待种子发芽,不也正是教育的真谛吗?当我们在学生的心田播下真善美的种子时,当我们用爱心、用智慧、用诗意,默默地浇灌一棵棵破土而出的嫩芽时,当我们无比幸福地看到学生一天天长大,一天天走向明亮的那方时……我们不正享受着慢教育的幸福吗?教育,本该以爱期盼,以美润泽,以静守候……

2015年,我离开了家乡,陪伴读高中的孩子来到了无锡。我的行囊里有一册《小小诗花朵朵开》,那是我从学生上千首童诗作品中精选了几百首做成的诗集,我带着它,是想告诉自己:在一个陌生的城市、一所陌生的校园里,我也要努力播下诗的种子;相信种子,相信岁月……

开学的第一天,我和六(4)班的学生约定,每天给他们朗读一首诗。第一天,我给他们朗读了《点灯的人》,他们告诉我,这是第一次听老师给他们读诗。毕业时,他们给我写下的毕业赠言中,竟不约而同地提到了那首《点灯的人》。

您是我见过的最特别的老师,我一辈子都不会忘记您上课时的微笑,一辈子都不会忘记您第一次给我们读诗的场景,一辈子都不会忘记您第一次教我们写诗。

那一首《点灯的人》会成为我一辈子忘不掉的诗……

——潘雨菲

"要做一个为他人点灯的人。"顾老师，记得第一次听您读诗，您在黑板上写了这一串大字，您的嘴角微微翘起，看着我们的目光里充满了期待……

——华雨萌

我永远不会忘记您为我们读的第一首诗——《点灯的人》，读完这首诗，您对我们说："希望你们是为别人点灯的人。"顾老师，您可知道，您就是为我们点亮心灯的人啊！

——邓夏欣

2016年9月，我迎来了一（6）班的同学，我又和他们一起读诗、写诗。与诗相伴的日子，是幸福的……

2017年的春天，《当代教育》的编辑来我校采访，在我们班听了一节童诗课，她们写下了这段文字：

"同学们，你们看，树上有一片红叶，它像什么？""像嘴巴。""像红领巾。""像在吐舌头。""像染了红头发。"……"树林学校/开展入队仪式/春风校长/给每棵小树/戴上了红领巾。"一首《入队仪式》在师生的一问一答中产生了。

学生当堂创作的一首首童诗，让编辑老师们无比惊叹。《当代教育》以《童诗，唤醒孩子心中的真善美》为题，整版报道了我的童诗教学。

春夏秋冬，四季更替，我们读四季的诗；寻找大树的新芽，捡拾缤纷的落叶，我们读大地的诗；风雪雨露，日月星辰，我们读天空的诗……

办公桌的一角，放着卓昀送给我的橡皮泥做的手工，她在我的诗社里学习也已三年多。她的小诗相继发表于《中国儿童报》《少年诗刊》等报刊，学校曾举办过她的个人诗画展。她写过一首《种子》送给我：

有一粒种子/没有颜色/没有味道/也不长在泥土里

顾老师/你猜它是什么/告诉你吧/它就是诗

你把诗的种子/种在了/我的心里

2019年9月，我从江苏来到上海，12月，我参加全国新体系作文教学大赛，获特等奖第一名。2020年5月，我被评为"全国小语十大青年名师"。

2014年我被评为江苏省特级教师以后，领导曾希望我到教师发展中心工作，但我依旧守在教学一线，带一个班，静静地教书。2020年，我被评为正高级教师，我依旧带一个班，静静地教书。我的心里永远住着一个孩子，我和我的孩子们一起，把每一段日子过成诗！

名师评说

诗育儿童　诗趣人生
诗教天空里的一片艳阳

诗育儿童　诗趣人生

方　华

顾文艳老师是江苏省特级、上海市正高级小学语文教师，是从事研究与实施童诗教育教学的知名教育工作者。

作为对诗不太敏感，不会作诗，也不太懂得欣赏诗的我，提笔写顾老师，的确怕错失顾老师的诗情，怠慢顾老师的诗意，赶跑顾老师的诗趣，吹走顾老师的诗性。但转念一想，孩子都能怀有诗心和顾老师一起寻找丰富而多彩的陌生世界，我，又为何不能做一回孩子呢？

从儿童出发，经过童诗，带着童心，回归儿童，这可能是顾老师钟情童诗教育教学的底层逻辑吧！

进行童诗教学教育研究与实践的顾老师，应是一位从内而外都充满诗情诗意的人，否则，她怎么能从2008年就开始从事童诗教学教育，一做就是15年？15年来，顾老师无论是上日常自己班上的语文课，还是上公开展示课，她都会让课堂充满诗情诗意。诗，灵动而飘逸；诗人，纯粹而孤独。但，顾老师不会，因为她的诗里有她喜爱的学生。课堂上和学生在一起时，她好似搭乘诗的云朵走到每个学生的身边，带着诗情诗意去触及每个学生内心的丰盈与遐想，让他们心里充满着诗情，生命中充满着诗意。

看顾老师的专著与报道，讲述的是她与一个个学生之间的日常故事，却都充满诗情；听顾老师的课与讲座，看她与学生交流的眼神、语气、姿势，看她与听课老师们沟通时的用词、语速，处处都充满诗意。正因为顾老师充满了诗情与诗意，童诗教育教学才会伴随她15年，诗情与诗意才会成为她教育教学的底色与底蕴。

教育，以爱为圆心，以学习为半径，画出一个个成长的圆。学生的学习状况是不断调整的，所以，不同的人、同一个人的不同生长阶段"成长的圆"是不一样的。如果每个学生的学习过程都能充满诗性与诗意，那么，他们的成长经历该是多么美好与幸福！

我们不难发现，诗人们都有诗趣、诗性。看过顾老师自己的诗，也读过顾老师的学生的诗，得知顾老师的诗大致可分两类：一类是与教育相关的，有明显的童心、童趣与童味，可见，这类诗是顾老师从与学生交流、观察学生、倾听学生中而来，是从洞察与解读学生的童趣、童性中而来；一类是与教育无关的，是对自然、对家人、对朋友、对生活、对社会、对生命的理解，这些诗更能看到顾老师诗人般的诗趣和诗性。

顾老师在课堂给学生们读诗、讲诗、改诗，更多的是基于学生的视野，通过诗让自己读懂学生，也让学生们知道老师了解他们的所思所想。她看似不在教学生作诗，而是让学生浸润在诗趣中遨游，让日子、日光、月光，让花草、鱼虫、建筑，让对话、绘本、音乐都充满诗性。

读顾老师学生的诗，就是读他们日常生活的状态，只不过这种状态是用诗表达出来的。这种表达可能稚嫩，可能模糊，可能缺少格韵，但充满个性、充满想象、充满自在、充满憧憬、充满快乐。

顾老师的教育教学，重重烙下"童诗教育"几个字。我不知道顾老师为何选择童诗教育，虽然，在她的文章和对她的采访中提及一些"原因"，但我认为还不仅源于这些，至少还应源于顾老师的性情和兴趣，还应源于顾老师对文字、对文学的敏锐的感知力，还应源于顾老师内心的充盈、多彩、丰满，还应源于顾老师爱课堂、爱教育、爱孩子……

儿时的感知、体验是人一生的底色与源泉，给人生带来的不仅是直接的技能与知识，还有终身成长和对生活的兴趣，如吟词诵诗、识谱视唱、玩球习武等。顾老师的童诗教育，就是让学生在最具生命力、最纯粹与纯洁且充满遐想的美好时光里遇见诗，用诗情、诗意、诗趣、诗性滋养时光、滋润童心,终身成长,这些对学生来说,何其美哉,又何其幸哉!

顾老师的童诗教育,与其说是顾老师与学生一起诵诗、赏诗、说诗、赋诗,不如说顾老师带着他们在诗情、诗意、诗趣、诗性中浸润,一起欣赏自然、欣赏自己、欣赏家人、欣赏老师、欣赏同伴、欣赏日复一日的平凡。当教育回归生活,生活就有教育的滋味,教育就有生命的气息。

诗,是美的;诗人,是他以独特的审美视角,用他擅长的方式进行表达,这种表达是空灵的、是奇妙的、是让人有千万种遐思的,最终还是追求美的。诗与诗人的特质与儿童相契合,所以说,儿童的大脑是诗最好的栖息地。顾老师抓住了诗的特质,理解诗的心思,了解教育的本源,知晓儿童的世界,她握有一串打开儿童的心灵、打开诗的王国的钥匙,所以,顾老师就和她的学生在诗情诗意中追逐,在诗趣诗味中玩耍,这是顾老师之大喜,这是顾老师的学生们之大幸,这更是童诗教育之大机遇。

热闹的课堂,由于小小的诗,变美好了、变广阔了、变有趣了、变生动了;可爱的学生,由于灵动的诗,变活跃了、变友好了、变广博了、变深邃了;谦和的顾老师,由于诗的纯粹,更温润了、更平和了、更智慧了……

童诗教育,诗育儿童;童诗教育,诗趣人生。

诗教天空里的一片艳阳

赵冬俊

顾文艳的气质、形象与她的年龄始终保持着友好的距离。很难相信,她已在语文园地里播种了近三十个春秋!这令人羡慕的"不老童颜"和"未泯童心",与她自小养成的读写习惯、与她践行数十年的童诗教育、与她骨子里的谦恭好学密不可分。

一、阅读与写作

对于顾文艳,我是先读其文后识其人。二十多年前,《兴化日报》辟有"楚水文学"副刊,每周一版。顾文艳常有文字见报。每当看到她的名字,我总会细心阅读她的文章。她的文字清丽隽永,从容流畅却又古雅如诗。很多习以为常的生活场景、人人皆有的情感体验,经她妙笔点染,便升腾起一股股浓浓的诗情,让人心底荡漾起真诚的感动。她如水的文字里,总也离不开书——"大暑季节,燠热难耐,每日捧一本小说,不离风扇左右……"(《风铃》)"书桌上摊着的新书,仍散发着油墨香……窗外的雪,耳边的歌,眼前的书,构成一个实实在在的冬日图。"(《冬日叙怀》)读书,是她最为自然的生活方式,也是她最迷人的生命状态。于是,我对这个爱好读书、勤于写作的同行充满莫名的期待。

有趣的是,几年后,我们成为同事,成为朋友。我有机会"耳闻目睹"她更多关于读书写作的故事。暑假前,她会找一个休息日到学校附近的新华书店,"拜访"一排排儿童读物专柜,慎重地选择并记录适合学生阅读的书籍名、出版社。长长的假期里,她总会窝在家里看看书、写写文章、做做家务,劳逸结合,自得其乐。平日里,无论是短途出行——接送孩子,还是长途旅行——外出开会、听课,她的包里总少不了一本诗集或散文。她喜欢用文字漫过时间的每一道空隙,让分分秒秒熠熠闪光。书,在她那儿如同时尚女孩随身携带的一支口红、一盒胭脂,随时随地都可以对镜补妆。只不过,她用阅读为精神、为生命化妆。顾文艳读书广博而精深,小说、散文、诗歌、教育理论、名师课例无所不读,但情有独钟的仍数诗歌。从国内的舒婷、顾城、金波、圣野、高洪波、王宜振、雪野、林良、林焕彰、林武宪、谢武彰、杜荣琛,到国外的斯蒂文森、谢尔·希尔弗斯坦、金子美玲、聂鲁达……她如数家珍,视如亲人。只要看到市面上有新出的童诗集她都会一股脑买来,一页页,再三咀嚼,细细玩赏。

顾文艳,优雅地读书,也优雅地写作。她的作品都在感恩——感恩父母、亲人、朋友、同行及学生给予她的真爱与帮助,感恩每一位作家给予她的无言爱护和深远启迪。2008年,她在"凤凰读书会"开辟"集成楼语丝录"读书交流帖,并获得2008年度凤凰语文网"十佳读书随笔专辑"的称号。2009年,她建立名为"似水流年"的网易博客,记录和学生们共度的每一天。她的写作自由而纯粹,不展现遣词造句的才华,而是通过文字,锤炼自己的品性,提升自己的审美情趣,让自己高贵起来。真正的写作,提高的不是读写能力,而是做人的境界。曹文轩的"写作是一种美德"说的正是这个意思。如今,她的微信公众号"竹影居"已经累积了七百多篇随笔。这几十万文字,造就了顾文艳今天的模样,让她的微笑荡漾诗意,让她的语气愈加温婉。随着互联网传播力的剧增,这些随笔不知惠及了多少读者!

近年,顾文艳又写起了诗。人人都说,诗歌属于青年人,散文属于中年人。可是,她更懂得中年人捡拾起从前的诗歌记忆,重续诗歌情缘需要的是理性和意志。"谁道人生无再少,门前溪水尚能西。"她的一首《暮歌》或许能够表达她彼时的心境:暮与夜的分界线/我看不见 张开左手/指缝里的天空/成了四线格 上格是未沉的夜/下格是将明的灯/我想填满中格/却找不到

音符　那是／我想唱给你的歌

　　就像"一条鱼游动在水中，一朵云飘浮在空中，一穗麦生长在田野"（高洪波诗），心中有歌，总能找到音符。从散文写作到诗歌写作，从诗歌写作再到童诗创作，顾文艳经过短暂的摸索之后，几乎水到渠成地变身为童诗作家中的一员。在她众多童诗中，我最欣赏她发表于《中国童诗》的《我该怎么跑》：妈妈说／快跑快跑／就要迟到／妈妈又说／慢点跑慢点跑／小心摔跤／每天去上学／妈妈都要说／快快跑／慢慢跑／我到底该怎么跑

　　诗歌里的每一个字都浅白，每一个词都明朗，每一个句子都情味无穷。平凡的儿童生活场景，经由顾文艳的慧眼妙笔，变得趣味盎然。这样的诗正是林良先生所倡导的"浅语的艺术"。顾文艳一出手，就显现出童诗写作的纯正风格。所以，著名诗人雪野先生给予她的评价是："路子正。"

二、课堂与成长

　　公开课是教师展现综合素养的舞台，更是教师登攀的阶梯。

　　顾文艳从教之初的公开课"反响不错"，但远没有达到"好评如潮"的地步。她以课闻名于"兴化小语界"比我想象和期望的要晚许多。几年之后，我才恍然——顾文艳走的是一条厚积薄发、大器晚成之路。

　　2009年4月，泰州市第八届青年教师优质课评比在兴化市实验小学拉开帷幕，作为东道主，实验小学可以直接选派一名选手参赛。校内选拔，如火如荼。学校青年教师荟萃一堂，同台竞技。彼时，34岁的顾文艳也报名参与选拔。34岁，在实验小学颇为年轻的教师群体中已然不再年轻。与顾文艳同时毕业的几位姐妹早已功成名就——她们大都持有各类赛课的一等奖证书。

　　顾文艳决心牢牢抓住赛课这根绳索，将自己牵引到离梦想更近的地方。从教材选定到文本解读，她殚精竭虑，全力以赴。为在试教中发现问题，白天，她忙碌在工作单位；晚上，她不顾夜黑路远，驱车赶往五六里外原先任教过的寄宿制学校（也是我所在的学校）——文正实验学校借班试教。那时，我给她联系班级，约请同行。听完课，我们围坐在一间小会议室，以十足的热情抵御室外的严寒，以真诚的建议矫正课堂设计的不足。顾文艳埋头速记，

时不时地插几句自己的新想法。评完课，彼时瑞雪纷纷扬扬，大地银装素裹，周遭明澈如水，那每一片雪花，似乎都是顾文艳对课堂冷静思考的结晶。返回时，她总是拉紧衣帽，春风满面，在雪白的地面上留下一道车辙。磨课，磨炼的不只是理念与设计，更是精神与意志。

那次赛课，顾文艳有意识地将诗带进语文课堂。《赶海》一课结尾，她以自己的一首诗，启发学生试着用诗描述各自经历的趣事，并提醒学生"如果在诗中用上课文学到的叹词就更棒了"。几分钟后，学生就交上了自己的诗作《踩水塘》：哗哗哗/下雨啦/大雨是个魔法师/变出一个一个小水塘　你来踩/我来踩/小水塘边乐开怀/欢快的笑声满天传　云彩来/太阳来/咦/小水塘儿不见了/原来太阳哥哥也想玩

因为独特的教学理念，也因学生精彩的诗性语言，这节课获得校比赛第一名。顾文艳拿到了泰州市青年教师优质课评比的入场券。她更加坚定自己"诗意"课堂的努力方向。在随后的比赛中，她放下重负，自信而低调地走上赛场，再次获得第一名的好成绩。

她执教《槐乡五月》。文中有这样一个比喻句："有的槐花抱在一起，远看像玉雕的圆球；有的槐花一条一条地挂满枝头，近看如维吾尔族姑娘披散在肩上的小辫儿。"平常我们教比喻，只是让学生知道把什么比作什么，可顾文艳偏要从诗意的语言里让学生发现并感受诗意的"内核"。她从"玉文化""修辞主体""美感"等方面，引导学生理解、感受作者如此比喻的精妙。她让学生想象一下看到过的"玉"，思考作者为什么把抱在一起的槐花比作玉雕的圆球。在交流中，学生发现，玉是洁白无瑕的，玉是晶莹剔透的，玉是很珍贵的，用"玉雕的圆球"来比喻槐花，槐花也显得更美了。赛后评课总结时，南通市小语教研员、著名特级老师王爱华对这节课，尤其是这个环节的教学给出极高评价。她说："这节课对我们这次活动的最大贡献是什么？我以为是如何去教学比喻句。我很敬佩顾老师。比喻句的教学现在已经程式化了，考试也是程式化的，总是'运用什么样的方式形象生动地写出了什么'。顾老师站在文化的高度去引导学生体会比喻句的妙处，体会作者把槐花比作这种无比珍贵的事物，其实是想表达自己对槐花的喜爱之情……"

2010 年 12 月，在第三届苏教版全国课改实验区阅读教学大赛中，顾文艳执教《我和祖父的园子》。教学过程诗意自然，读写训练扎实到位，再次荣获一等奖。顾文艳的课，给语文教学带来一股清新之风。随着时间的推移，她的课越学越有味道。

但，无论取得怎样的佳绩，顾文艳始终是清醒的。她知道，这些课里，"诗味"只是一种点缀，学生的童真想象与诗意语言还未能充分展现，她不能因为获奖而沾沾自喜、止步不前。成长，在她那儿，意味着不断找寻新的起点，随时准备重新出发。她决定开发自己的"童诗课"，全面思考课堂与生活、课本与自然、读诗与写诗、童言与诗意之间的血肉联系。她认为，诗歌存在的价值就是彰显个体差异、忠实自我感知。她觉得出示一首诗后让学生按照格式换几个字创造一首"新诗"的做法根本不是"教写诗"，只能算造句或者填空。她坚信，诗的本质是创作的自由，"这份自由是选材的自由、是想象的自由、是语言的自由，也是形式的自由"。

从进入诗教的那天起，她就站在了童诗教学的制高点，重新发现儿童，智慧地拥抱一个又一个"天生的诗人"。2011 年以来，她开发出《秋》《雾》《影子》《太阳去哪儿了》《雨天的歌》《童心词典》《天空的城堡》等一系列童诗课。她通过"课"，洞悉童诗创作的秘密，还原童诗诞生的真相，展现童诗教学的姹紫嫣红。课堂上，她机敏地追问，会心地点拨，总能让学生坐上秋千似的，从诗的这头荡漾到那头。课堂上，学生说："小草铺成了绿地毯，让春天在上面走过……"这充满童趣的句子是诗的种子，但还不是诗。顾文艳问："由这句话，你会想到什么？"学生说："贵宾不是都要走红地毯吗？小草铺上了绿地毯，春天也是一位神秘的贵宾吧！"于是，有了这样一首小诗——《神秘的贵宾》：春天/是神秘的贵宾/踩着绿地毯/披着花衣裳/悄悄向我们走来

顾文艳的童诗课，给人的感觉是"轻"——轻松、轻巧、轻盈。最能代表她童诗教学风格的是 2019 年 12 月全国第五届"新体系作文"大赛上她执教的《问号里的诗》。课始，她鼓励学生问问题。哪个孩子不喜欢"十万个为什么"？"问"，对他们来说太轻松了。她又告诉学生，一个个问题都可以变成

一首首诗。这个魔法,对学生来说太有吸引力了。哪个孩子不想成为"诗人"呢?顾文艳就这样轻巧地将学生领进童诗之门。继而,顾文艳出示图片,让学生提问。图片里的蓝天、白云、草坪、绿树……一个个自然之景在学生的疑问中重获新生。"为什么树没有朋友呢?""为什么天和地不会合在一起?"……顾文艳请学生将疑问有选择地板书,并说:"天和地不会合在一起,是不是因为有大树撑着呢?"这看似随意的语言,其实是引领学生用烂漫想象在问答之间架起一座桥梁。这座桥梁就是童诗之魂。随后,顾文艳出示聂鲁达《疑问集》中的诗,让学生"取法乎上"。她再出示金子美铃的《天空的颜色》,让学生在"问"与"答"之间生长出一首属于自己的诗。

"为什么风有时小,有时大?因为风有时候呼噜声小,有时大。""为什么夜晚的月亮有时圆有时弯?因为每天都有不同的月亮来上班。"……学生们的诗句令人叫绝。

课堂上,顾文艳没有声嘶力竭,也没有语重心长,她以诗的方式教诗——云淡风轻地唤醒学生心中诗的"沉睡精灵"。诗不是写在纸上,而是长在心里后又移植到纸上的。诗教之功,就在于给学生朝露与清风,雨雪与阳光。

这节课,顾文艳获得了大赛特等奖的第一名。她说:"课堂上,我不会想到这是比赛,我想的只是——这 40 分钟,我和孩子该怎样美好地度过?"顾文艳的想法也是一首诗,一首哲理诗,一首自我成长的诗。正如法国哲学家弗里德里克·格鲁所说:"当我们放弃一切时,恰巧是获得一切的开始;当我们无欲无求之际,恰巧得到的很多。"卸下重负,就能养护住在每个人心中的"诗性"。

诗人王宜振说:"顾老师真是一个神奇的魔术师。她把生活变得处处有诗,孩子们伸手一抓,就能抓出一首诗来!最后,连她自己也变成了一首诗!"

著名小语专家、人民教育出版社编审崔峦先生多次在讲座中点评顾文艳卓有成效的童诗教学,并倡议大家向她学习。

一位观课教师说:"听了顾文艳老师的课,突然觉得教学生写诗也不是件难事。如果学习她这种方法陪学生作诗，一定能帮助学生打开那扇通往童诗的大门。"这朴实的心声，是对顾文艳成长之路最权威且最可信的评价。

三、谦恭与远方

顾文艳是个简单的人。这有点像三毛自述的那样——想哭的时候便哭，要笑的时候便笑，一切出于自然，不求深刻，只求简单。

她的文字里，出现最多的是"泪"。高兴时落泪，伤心时落泪，疼痛时落泪，烦恼时落泪；在自己的世界里落泪，也在别人的故事里落泪。她的照片里，你能听出不同分贝的笑声，有的含蓄，有的爽朗，有的不易察觉。但，无论哭还是笑，在我看来，都是她谦恭内心的美好写照。"非淡泊无以明志，非宁静无以致远。"在淡泊和宁静之外，顾文艳以"谦恭"的步伐抵达"诗和远方"，为童诗教学争得一席之地，又将它开拓得更加辽阔。

2008年暑假，"中国儿童诗网"为顾文艳打开一扇奇妙的诗教之门。她一见倾心，成天泡在网上研读童诗教学理论，欣赏经典童诗，揣摩教学课例。作为一个具有诗人气质的语文教师，顾文艳比别人更清楚——"诗歌"能够遏制儿童形象思维的急速退化，让儿童插上想象的翅膀，翱翔于文学的天地。她虚怀若谷，求教童诗教学的先行者；她着魔一般的眼里心里全是诗。2009年，她以虔诚的诗教研究之心邀诗人雪野、童诗研究者丁云来兴化讲学授课。顾文艳与他们同台展示诗教魅力，真诚对话语文课改的方向，这在兴化小语教研史上算得上第一次真正意义的诗教研讨会。在交流中，雪野说，"写儿童诗，少用成语"。"一个奇妙的比喻，就是一首诗的种子。"……顾文艳以及很多兴化同行都看到了来自远方的诗教风景。2010年，顾文艳主持的课题"儿童诗阅读欣赏与创作的探索和实践"得到课题评审专家的普遍关注。当年，作为兴化市唯一的省级小学语文教学研究课题，它视角独特，立场鲜明，显示出语文教学研究的前瞻性。如果说，此前顾文艳的童诗教学研究多少有点兴趣使然的话，那么此时的课题研究，显示出来的完全是一种"任重道远""上下求索"的使命感。作为课题主持人，她要带领她的团队，共同阅读童诗，积极开展童诗教学研究；作为课题研究者，她要带班上童诗课，还要为学生选编童诗阅读教材、编印优秀童诗集。为了编选出经典的童诗诵读教材，她如饥似渴地阅读着，并用异常苛刻的眼睛一首首地挑拣着。她的课题研究取得了丰硕的成果，获得了江苏省教育优秀成果奖。后来，兴化市教育局组织编写学生经典诵读读本，顾文艳毫无保留地将自己精选的童诗推荐给全市的小学生，她要让她的课题研究成果惠及他人，像海浪一样奔向远方，涌向每一个金色沙滩。

2014年，顾文艳被评为"江苏省小学语文特级教师"。称号和名气丝毫没有改变她谦恭的本性，她仍然是她。写好的论文，设计好的教案，她像往常一样发给我，请我这个昔日的教研组长帮她看看。尽管，我说不出可供她参考的"真知灼见"，但她仍然静静地聆听，默默地思考。顾文艳的谦恭似乎与生俱来，她习惯仰望别人，善于从每一位与她同行的老师、每一位与她相遇的师长那里汲取前行的力量。说白了，她不会放弃任何一个学习的机会。好学，是她活泼泼的生命状态。为此，她不怕山高路远，舟车劳顿。她将学习当成旅游。2012年底，她去南京参加金波创作55周年纪念活动，聆听金波先生一支笔的故事、一根白发的故事，聆听一群未曾谋面的"诗友"们诗一样的故事。2013年5月，她去北京师范大学，聆听裴娣娜、于述胜、王本陆等专家的报告，回来后，她还要通过笔记咀嚼、消化他们的精辟见解——"汉字简化——中国的文化被砍掉了一半""素质教育就是'无为而无不为'的教育"。2013年暑假，她去黑河，往返72小时，参与"转变学习方式"2013研讨会。2015年4月，她去温州参与"青藤诗坛·名师经典"活动。在这个活动上，她遇见贾志敏老师。他们一见如故，谈论着对语文教学的见解和追求，他们成了忘年交。顾文艳求知若渴，主动提出拜贾老师为师，平易和蔼的贾老师在她的笔记本上一笔一画写下了邮箱地址和手机号码。于是，一份师徒契约就这样平静却隆重地签订了。其后几年，跟在贾老师身后，顾文艳越发明白：语文课堂要"慎用课件"，要"多关注课堂上学习能力较弱的那些孩子"，"每一节课，都是为学生而教"……

远方，不只是空间距离，也是精神追求；远方，不只靠双脚跋涉，也要用深邃的目光穿透重重迷雾才能真正抵达。顾文艳谦恭的心里有了这些"明亮的方向",即便足不出户,也能视接千里,身处"远方"。顾文艳的谦恭不是独善其身,而是"美美与共",她乐于与每一位开展童诗教学的老师分享她的经验。这些年来,她像鸟儿一样,新疆喀什巴楚、云南巧家、安徽郎溪、江西万年……都留下她的足迹,留下她童诗教育的种子。

2021年12月,顾文艳童诗教育工作室成立。这让她在童诗教育研究领域再一次精准定位。她以"童诗润童心,立德树人,让儿童有发现美的眼光,感受美的心灵,创造美的能力"为目标,聚合一批志同道合的年轻人,致力于将童诗之光推向更远的地方。一个人可以走得更快,一群人可以走得更稳、更远。45岁的顾文艳选择了再出发,向下一个10年……她要成为呵护童心的"重要他人",让学生保持最纯洁、最简朴、最富有活力的状态。她还要用一言一行去影响身边的老师,让更多的老师都能"向着明亮那方"!

热爱阅读无疑是陪伴学生一生的核心素养。可是,相对热闹的小说、童话等文体,童诗阅读显得不成气候。著名诗人金波直言:"诗是最凝练、最精微的文学样式,一个孩子如果不喜欢诗,不会欣赏诗,那么他对生活的感受是粗糙的,也很难读出其他文学样式的精华。"

诗,是文学的文学、文学的灵魂,更是文学的地基。

2022年元月,顾文艳在自己的公众号"竹影居"里推出专栏"为孩子们读诗",这些诗是她和工作室小伙伴们的共同选择,并配以精简的导语,插入能与学生们互动的活动设计。她们还计划以学生的兴趣为重要标准,从"专栏"中选出具有"童趣童味"的诗编成读本,让学生们都能读到他们真正喜爱的诗……

顾文艳温文而坚定的诗意行走,描绘出诗教天空里的一片艳阳。"没有一匹骏马能像/一页跳跃着的诗行那样——把人带往远方(狄金森)。"她的远方,我们都能看到,也都能抵达。

童诗课堂

"礼物"
你的心中可有一片海
认识"童诗里的自己"
树　林
太阳不只是个传说
我怕月光进不来
……

"礼物"

每个孩子都有着一颗柔软的诗心，岁月的尘埃或许会遮盖诗心的光彩，而童诗，却可以擦亮诗心，延长童年。

小宇是个乖巧美丽的孩子，她的小脸白白净净，鼻子上架着一副粉色边框的小眼镜。她刚转学过来时，我就发现她的右眼似乎有些异样，与水灵灵的流光溢彩的左眼相比，显得暗淡无光。

一次放学时，恰逢下雨，来接她放学的保姆告诉我，小宇三岁时右眼就失明了。那一刻，一种剧烈的痛迅速蔓延了我整颗心。一想到小宇小小年纪就遭此重创，我对小宇是又爱又怜。

小宇内向沉默，但我知道她唱歌很好听，于是在班级开联欢会时，我推荐小宇给大家表演，唱一支她最拿手的《草原之夜》。没想到她不仅没答应，还害羞得几乎落泪，我见状不再勉强。我思忖着，我该如何抚慰这一颗受伤的心灵，哪一条路可以走向小宇的内心深处？

有一天，我偶然间在金子美铃的诗集《向着明亮那方》中读到了这样一首诗《我和小鸟还有铃铛》：

我伸展双臂/也不能在天空飞翔/会飞的小鸟却不能像我/在地上快快地奔跑/我摇晃身体/也摇不出好听的声响/会响的铃铛却不能像我/会唱好多好多的歌/铃铛、小鸟，还有我/我们不一样，我们都很棒

一读完这首诗，不知为何，我的脑海里首先浮现出的是小宇楚楚可怜、羞羞怯怯的模样。我立刻决定，第二天的早读课，把这首诗读给学生听。

早读课上，我将这首诗工工整整地抄写在黑板上，学生轻声读着一行行诗句，读着读着，笑意在他们唇边浮现。我注意观察小宇的表情，她很专注地看着这首诗，没有读出声，可是，我看着她沉思的表情，我知道这首诗，其实她已经读到了心里。

我欢快地读着这首诗，我边读边表演，一会儿学着小鸟展翅飞翔，一会儿学着铃铛摇晃着身体，学生更乐了，笑声愈发响亮。小宇也笑了，那笑容比春花还灿烂。

我说："其实，每个人都很棒，每个人都应为上天赋予自己的能力感到自豪。顾老师曾经为自己欠缺运动细胞苦恼不已，可顾老师想到自己可以写出很美妙的文字又释然了。人不可能十全十美，如果我们总是为自己的不完美感到忧伤，那么，你又怎能发现自己出众的才华？正如著名诗人泰戈尔所说，如果你因错过太阳而哭泣，那么你也会错过群星。"

小宇凝神地听着，我知道，这首童诗帮助了小宇，在她的心中已经播下了自信快乐的种子。更让我感动的是，在当天的日记中，我读到了小宇写的这首小诗——《特殊礼物》：

你来到这世界/上帝会送给你特殊礼物/如果你说没收到/那是你没觉察到/我的特殊礼物是/动听的歌喉/你的呢

读着小宇这首稚嫩的小诗，我的眼眶不由得湿润了。第二天，我为全班同学朗读了小宇的诗。小宇激动得脸涨得通红。

渐渐地，我发现小宇变了：课间休息时，她不再孤零零地坐在座位上，她会和小伙伴一起游戏；放学时，她也会和小伙伴结伴而行。我觉得好欣慰。

在第二年的新年联欢会上，小宇和她的三位好朋友合唱了一首《童年》。小宇的歌声真的很美，我和学生们都陶醉了。看着小宇边歌唱边舞蹈，我的眼眶又不由得一阵温热。

前几天，小宇在日记中这样写道："老师，现在班里已经有好几个同学知道我右眼看不见了，他们都是我的好朋友。以前，我曾经担心他们知道后会笑话我,可是,他们还是和从前一样和我一起做作业,一起玩耍,他们甚至比以前对我更好。看来,我的担心是多余的。"

　　我情不自禁地在她的日记本上写下了这段话:"孩子,即使你的右眼看不见了,但是,你的美丽、你的善良、你的可爱,让我和同学们早已经深深地喜欢上了你。我们都是幸福的。"

你的心中可有一片海

收藏家

轩辕轩轲

我干得最得意的
一件事是
藏起了一个大海
直到海洋局的人
在门外疯狂地敲门
我还吹着口哨
吹着海风
在壁橱旁
用剪刀剪掉
多余的浪花

初见这首诗时的惊喜我无法忘却。我把这首诗转发给了一位诗人朋友。

我读了一遍，又读了一遍。起初是默读，后来忍不住朗读这首诗，一个人，在静静的夜里……

我听到了"砰砰砰"的敲门声，我听到了海洋局的人气急败坏的声音，我更听到了"哗哗哗"的海浪声……一个大大的海，就这样被诗人折叠折叠再折叠，诗人就这样把一个海收藏在壁橱里。哦，还有一角浪花钻出了壁橱，诗人"咔嚓咔嚓",剪去了这多余的浪花,愉快的口哨声应和着壁橱里的海浪的声音。诗人把大海藏在壁橱里,你呢?你的心中可有一片海?

还记得去三亚,远远看到大海时,心底发出的惊叹:从未见过这么蓝的海!走在亚龙湾的沙滩上,那么细、那么白的沙粒就这样暖暖地、柔柔地躺在我的脚下。我写下的一个个脚印被海浪轻轻擦去。亚龙湾的沙滩,依旧洁白如画纸。

在大海面前,总是词穷,因为实在无力描摹海的辽阔,浪的喧嚣。而金子美玲却依旧以一个活泼的孩子的口吻向我们介绍着快乐如娃娃的海浪、糊涂得忘了贝壳的海浪……

海 浪

金子美玲

海浪是娃娃,
手牵手,笑着,
一齐跑过来。

海浪是橡皮擦,
把沙上的字,
全都擦去了。

海浪是士兵,
从海上涌来,大家一齐
砰砰砰开枪射击。
海浪是糊涂虫,
把很美很美的贝壳,
忘在了沙滩上。

给学生读这首诗,又给他们看一幅幅大海的美景,海上的那一朵朵浪花就变成了一首又一首的小诗了!

浪 花

陶 孜

白云冰激凌

融化了

一滴一滴落在海面上

成了

一朵朵浪花

  蓝天中的云朵飘着，碧海上的浪花开着。因为云朵和浪花都是白的，陶孜把白云想象成融化的冰激凌。这样的想象真是妙极了！

我要回家

蔡依霖

浪花姐姐带贝壳妹妹

到沙滩上玩

玩着 玩着

太阳落山了

浪花姐姐回家了

贝壳妹妹

却留在沙滩上

深夜里

贝壳呜呜哭

浪花姐姐

你快带我回家

我要回家

浪花姐姐来了
抱起贝壳妹妹
回到大海妈妈的怀抱

沙滩上的贝壳成了贪玩的妹妹，忘了回家。这是依霖看到沙滩上的贝壳时产生的联想。于是，就有了这童话般的小诗。

海螺和大海

罗元浩

海螺藏在大海里
海浪把它送上岸

我把海螺放在耳边
浪花在唱
海鸥在唱
海风也在唱

咦
海螺里怎么也藏着大海

当元浩说出"海螺里也藏着大海"时，真有一种惊艳的感觉！小小的海螺竟然可以藏起大大的海洋，可真是了不起的收藏家！海螺干得最得意的一件事，也一定是藏起了一片大海吧！

你的心里可也有一片海？

认识"童诗里的自己"

希腊的德尔菲神庙镌刻着三条箴言,其中最有名的是第一条:认识你自己。自从古希腊先哲苏格拉底发出"认识你自己"的吁求之后,人类的眼光开始从浩渺的宇宙和天际转向了人自身。

周国平曾说过:儿童是天生的诗人和哲学家。他们对这个世界,甚至对自己,总是充满着好奇;他们有问不完的问题,他们在不断地探寻着。

我的头发

金子美玲

我的头发又黑又亮
是因为妈妈的手总是抚摸它
我的鼻子又扁又塌
是因为我自己总是擤它
我的围裙又干净又洁白
是因为妈妈总是漂洗它
我的皮肤又黑又黄
是因为我总是偷偷地
吃炒豆子

金子美玲的《我的头发》引起了学生的共鸣,他们通过创作童诗来认识自己。

我 的

潘宣仪

我的眼珠
为什么会转动
那是为了
不让脖子太累

我的鼻孔
为什么要朝下
那是为了
不让雨滴落进去

我的皮肤
为什么是黄色的
那是为了
证明我是中国人

读着宣仪的诗,仿佛活泼泼的她就站在我面前。她转动着乌溜溜的眼珠,是那么明亮。诗歌的每一小节都是自问自答,每一个答案都是那么可爱!读来,让人忍俊不禁。

我的脸蛋

陶 孜

我的脸蛋
为什么那么红
是因为
我喜爱吃红苹果

我的脸蛋
为什么那么红
是因为
我在脸上涂了红蜡笔

我的脸蛋
为什么那么红
是因为
被调皮的太阳晒红的

我的脸蛋
为什么那么红
是因为
我一直在眯眯笑

和宣仪的诗不同的是,陶孜只写了自己的红脸蛋。在她的诗里,我们读到了爱吃红苹果的她,读到了爱画画、爱运动、爱笑的她,我们仿佛看到了她的红扑扑的小脸蛋……

上面是两个小女孩的诗,再读读两个男孩子的诗,又是不一样的感觉呢!

我的头发为什么是黑的

罗元浩

我的头发为什么是黑的
那是因为
我一头扎进了黑色油漆里

我的脚为什么那么长
那是因为

我总是喜欢跳跃

我为什么那么瘦
那是因为
我误闯了压缩机

元浩的这首诗，最后一句可谓神来之笔，很有"谢尔大叔"的味道。因为闯入压缩机，才会这么瘦，这是只有孩子才能想象出来的呢！

我 的

仇玉焜

我的头发为什么是黑的
那是我在头上浇了墨水

我的脸为什么是红的
那是我被妈妈亲的

我的耳朵为什么是大大的
那是被爸爸发火时揪的

读了玉焜这首诗，是不是感觉很有生活气息呢？在这首诗中，我们读到了一幅幅生活场景：妈妈抱着孩子，亲个不停；爸爸发起火来，把孩子的耳朵揪得老长……

或许，读着，读着，你也会想到自己，想起童年呢！

树　林

不知为何,当"树林"这个词出现时,我会不由得想起郭风,想起他笔下的树林,想起《红菇们的旅行》……

她们持着淡红的雨伞,持着浓红的遮阳伞。

她们持着胭脂红的雨伞和遮阳伞,她们一齐集合起来了,排成队伍了。

她们从林中出发了,踏着林中的青苔,踏着油松的针叶,踏着山梨和山柿的发黄的阔叶。——八月的黎明,林中流动着乳白的雾一般的烟;她们从流动着乳白的烟的林中,从黎明的林中出发了。

她们心中多么快乐。她们想,这座树林子以外——

有一座很老的树林子?

她们想,这座树林子以外——

有她们没有看见过的花,有很大的草地,有很清的泉水,有一个新鲜的世界。她们从林中出发了。她们心中充满期望和欢乐。她们从流动着乳白的烟的黎明中出发了。

读着这样的文字,你是不是也很想跟着红菇们去旅行呢?那就让我们一起出发吧!请放慢你的脚步吧,林中的青苔,绿得油亮;请放慢你的脚步吧,松针与阔叶在林间小路上歌唱;请放慢你的脚步吧,乳白的雾,在你身边流淌……这是夏日的树林,多么美妙!冬天的森林又是怎样的呢?

冬天的森林

柯　岩

我和妹妹到森林去,

> 呀，好一个雪白的天地，
> 我们手拉手轻轻地走，
> 怕碰碎了满天满地的玻璃……
> 我想念松鼠毛茸茸的尾巴，
> 妹妹想念小鹿喷出来的热气……
> 你们每个人都穿着那么厚的皮袄，
> 为什么还躲在黑乎乎的洞里？
> 快出来，快出来找我们玩哪，
> 你们这些可爱的懒东西。

读到最后一句时，学生笑了。
"冬天的森林，给你什么感觉呢？"
"森林里好冷清，没有动物陪我们玩。"
"森林里一片雪白，好美丽！"
……

森林的确好美啊！我和学生一起欣赏森林四季的美景……

一幅幅图片慢慢翻过，阳光透过树叶的缝隙在林间草地上洒下斑驳的光影，当一幅秋天森林的图画出现时，陶孜举起手来："老师，我想到了一首诗。"

"请你说给我们听听吧。"我笑着对她说。
"清晨，阳光透过树林，撒下一枚枚金币。"陶孜望着我笑眯眯。
"好棒哦！"我把这几句诗写在黑板上。
"这些金币，会一直在这里吗？"我又问学生。
"这些金币到了晚上，就不见了。"
"晚上，树林里全是银币。"
……

学生你一言我一语，我又在黑板上添上几行诗。
"这首诗，取个什么题目好呢？"
"树林""秋天的树林""金币和银币"……

"哪个题目更好，更适合呢?"我想听听学生的意见。

大多数学生都觉得"金币和银币"这个题目更好。就这样，一首小诗诞生了：

金币和银币

陶 孜

清晨
阳光透过树林
撒下一枚枚金币

晚上
树林里满地
亮闪闪的银币
是谁送来的呢

"我们除了可以写树林里的积雪、阳光，还可以写些什么呢?"

"还可以写小松鼠呀，写梅花鹿呀，写森林里的动物。"学生一定是想起了那首《冬日的森林》。

"我们先读一首写小松鼠的诗吧!"

早安，小松鼠

[新加坡] 刘可式

整个早晨
我一直看着你
怎样把每一寸
玲珑的晨光
变作七彩的跳跃
嚼成松子的果香

读着这首诗，我们仿佛看到了那只可爱的小松鼠：它时而在树枝间跳跃，阳光为它披上七彩的外衣；时而捧着松子，津津有味地嚼着。我们仿佛也闻到了淡淡的松子香……

"我想写梅花鹿。"佳溢说，"梅花鹿头上的角，就是会走路的树。"

"'会走路的树'，这样想象，多么美妙！"

"我还有问题要问梅花鹿。"宣仪举手说，"为什么到了春天，你的树枝上不长叶？到了冬天，会开梅花吗？"

真是很有趣的问题呢！两个学生的发言又变成了一首诗：

梅花鹿

冯佳溢　潘宣仪

咦？
树林里怎么
有会走路的树？

春天到了
这棵树怎么
还是光秃秃？

冬天
你的树上能开梅花吗？
要不
你怎么叫作梅花鹿呢？

读着学生的诗，你是不是也想跟着红菇们去旅行呢？好的，现在就出发！

慢慢走呀，赏一路风景；或许，一路上，我们还能"捡"到一首首诗……

太阳不只是个传说

太阳，太阳/奶奶说/你曾经有九个兄弟姐妹/被人射下来了/你想他们吗

太阳，太阳/爷爷说/有个叫夸父的人/整天追着你跑/你烦他吗

太阳什么也不回答/只把我们来照亮

《后羿射日》《夸父逐日》的故事代代相传，那轮古老的太阳一直挂在天上，一直把我们照亮。

太阳，不只是个传说；太阳，还在诗中闪亮……每当太阳从东方升起时，你有没有想过，太阳是怎么出来的呢？在你的眼中，太阳像什么呢？我们先来读读这首《日出》吧：

日　出

林焕彰

早晨，
太阳是一个娃娃，
一睡醒就不停地
踢着蓝被子，
很久很久，
才慢慢慢慢地
露出一个
圆圆胖胖的

脸儿。

读了这首诗，你是不是和我一样，仿佛看见了一个圆圆胖胖的太阳娃娃，慢慢地从蓝天被子里露出了脸蛋。或许，你会想起妈妈叫你起床时，你蒙着脸蛋踢着被子的情形，你就是诗中那可爱的娃娃呢！

如果我问你，太阳究竟是怎么出来的？你或许会说，太阳是从山脚下慢慢爬上来的；你或许会说，太阳是从大海里跳出来的。可是，读了这首诗，你或许会说："哦，原来太阳是被挤出来的呀！"

挤呀挤

郑春华

挤呀挤
黑夜想挤开树
树牢牢的

挤呀挤
黑夜想挤倒屋
屋稳稳的

挤呀挤
黑夜因为太用力
把太阳挤出了大地

这首诗每小节的第一句都是"挤呀挤"，我们仿佛看到了一个又黑又高又大的身影，他就是黑夜。他不停地挤呀挤，挤呀挤，累得气喘吁吁，累得汗都流出来了……

最让人眼前一亮的是第三节，黑夜因为太用力，把太阳挤出了大地。读到这一句，你是不是觉得太阳仿佛是个蛋黄，被黑夜从蛋壳里一下子挤出来，红红的、亮亮的。这像蛋黄一样的太阳是什么味道的呢？我不禁又想起了另一首诗：

安 慰

顾 城

青青的野葡萄
淡黄的小月亮
妈妈发愁了
怎么做果酱

我说:
别加糖
在早晨的篱笆上
有一枚甜甜的
红太阳

妈妈用青青的野葡萄、淡黄的小月亮和甜甜的红太阳做出的果酱一定很美味吧!一首精妙的小诗,往往会有一个出人意料的结尾。想别人不敢想,想别人想不到,才能创作出令人惊艳的小诗哦!

读了三位大诗人的作品,再读读小诗人的作品吧!

跷跷板

李子木

月亮坐一头
太阳坐一头

月亮沉下去
太阳升起来
太阳压下去
月亮翘起来

月亮　太阳
在玩跷跷板

昼　夜

顾满成

天空与大地
是好朋友
他们爱玩球

每天
我把红球传给你
你把红球传给我
便有了昼夜

听说　那红球
也叫太阳

　　在这两首诗中，两个小诗人不约而同地把生活中常玩的游戏写了进去。第一首诗中，太阳和月亮玩着跷跷板的游戏，于是有了日出月落，月升日落；第二首诗中，天空与大地玩传球的游戏，于是，便有了昼与夜。诗的结尾这样写道："听说，那红球，也叫太阳。"细细读来，真有味道……游戏，是儿童的一种生活方式；童诗创作，又何尝不是一种游戏？

　　在童诗的天空里，同学们可以自由地翱翔。用想象的翅膀，在蓝天上写下了明亮的诗行……

我怕月光进不来

唐诗宋词中，月亮是最为常见的意象之一。读着唐诗宋词长大的中国人，对月亮自然会有一份特殊的感情，月亮似乎就是和诗歌紧密相连的。若少了皎洁的月色，或许也会少不少传世名篇。月亮的清辉，早就融入了中国的古典文化。

夜晚，仰望一轮明月，心头泛起的涟漪，细细碎碎写着的是故园，是思乡；是离别，是相思；是宁静，是美好……

"床前明月光，疑是地上霜""露从今夜白，月是故乡明"，这月光照了上千年，这月光流淌着浓浓的思乡情。

"我寄愁心与明月，随君直到夜郎西""明月楼高休独倚，酒入愁肠，化作相思泪。"明月高照，这清辉里写着多少离愁别恨，写着多少牵挂与思念。

"深林人不知，明月来相照""明月松间照，清泉石上流。"因为有了这皎洁的月色，一切景物都更添一份诗意，显得那么静谧而美好。

唐诗宋词里的月亮，是文人墨客眼里的月亮、心中的月亮，寄托着诗人的情感。童诗里的月亮又是怎样的呢？

两个月亮

［马来西亚］朵拉

妈妈说
天上有一个月亮

我说有两个
一个圆圆的
一个弯弯的

前两个星期
我在外婆家
看见
天上的月亮是圆的
今天晚上
在门口看天空
月亮是弯的

圆圆的月亮
住在外婆家的天上
弯弯的月亮
就住在我们家的门口

读着这首童诗,你是不是仿佛看到了一个小孩子,她正抬头看着天空的月亮……"圆圆的月亮""弯弯的月亮",两个月亮代表着两种不同的心情。你能读懂,为何外婆家的月亮是圆的,我们家的月亮是弯的吗?月圆月缺,孩子们充满了好奇:月亮为何会有这样的变化?不妨来读读小诗人的作品,他们想的和你一样吗?

月亮的新衣裳

费雨雯

十五的时候
你们说我太胖
过了十五
你们又嫌我太瘦

我到底什么时候
　　才能穿上新衣服
　　月亮问服装设计师

　读了这首诗，你会不会和我一样，忍不住笑了。月亮原来是为了穿上美丽的新衣裳才一会儿变胖，一会儿变瘦的呀！

月亮饼

宗慧慧

月亮是一块大饼
小玉兔喜欢吃
每天偷偷啃几口
啃着　啃着
就吃完了
苦了嫦娥
不停地
做着月亮饼

　读了这首诗，你一定想起了嫦娥奔月的故事吧。哦，那缺了一角的月亮，原来是被馋嘴的玉兔咬掉的呀！小诗人的想象多么新奇！你也来想一想吧，为何月亮有时候圆，有时候弯呢？或许，你也可以写出一首诗哦！

　月光，不像阳光那么强烈，它是那么柔和。在雪野叔叔的诗里，你又能读到怎样的月光呢？

月　光

雪　野

月光
倚靠在门框上
看我

静静地坐着
写作业

那深情的模样
真像母亲

读着这首诗，你想到了妈妈吗？你写作业时，妈妈那温柔的目光，你感受到了吗？在小诗人的诗中，月亮，也是温柔的妈妈呢！

夜 空

卢皓宇

冬天
月亮妈妈
给星宝宝盖上
厚厚的黑棉被
不让星星着凉

就像妈妈
每晚给我盖上
暖暖的棉被

写诗，离不开想象；写诗，也离不开生活。读着这首诗，你是不是想起了每夜为你盖棉被的妈妈呢？读了这两首诗，你看到月光时，也会想起自己的妈妈吗？

读着一首首童诗，你的目光会变得更纯净；读着一首首童诗，你的一颗心也会变得越来越柔软。我不禁想起了一个名叫戴雨霏的小女孩，她很喜欢读诗、写诗。有一天放学时，她悄悄告诉我："顾老师，我晚上睡觉时，从不拉窗帘。"

"为什么呢？"我忍不住好奇地问。

"我怕月光进不来。"

听着她轻轻柔柔的话语，那一刻，我觉得，这世界上再没有比在孩子们的心中播下诗意更美好的事情了。

夜晚/我关门睡觉/从不拉窗帘/我怕/月光进不来

这是我和戴雨菲在放学路上一起创作的小诗，我们给小诗取名为《让月光进来》。

今夜，我也要拉开窗帘，邀月光进来！

星星落地的声音，你听到了吗？

"你见过真正的黑夜吗？深沉的、浓烈的、黑魆魆的夜？"王开岭在《谁偷走了夜里的"黑"》一文的开头，这样问道。

城市的灯光太明亮，挤占了夜的黑；没有了黑魆魆的夜，我们又如何能看到满天星光呢？那"星汉灿烂"的光芒，只能在诗词里得以一见了。

说起星星，我总不由得想起顾城的那首《星月的由来》

星月的由来

顾 城

树枝想去撕裂天空
但却只戳了几个微小的窟窿
它透出了天外的光亮
人们把它叫作月亮和星星

每次夜晚，从树下走过，我都会忍不住抬头看看夜空。特别是冬天，枯叶落尽，一根根树枝直指着天空，它们会不会戳破天空呢？从那微小的窟窿里，会不会透出天外的光亮呢？星月的由来到底是什么呢？浩瀚的夜空，常常让我们产生无数的疑问：那从天际划过的流星，它们会落在哪里呢？夜空里闪烁着的星星，它们白天又去了哪儿呢？我们为何看不见它们？这些疑问，我们或许可以从诗中找到答案。或许，每个诗人的心里都住着一个孩子，对这个神秘的世界，他们总是充满了好奇……

星 星

［芬兰］索德格朗

当夜色降临
我站在台阶上倾听；
星星蜂拥在花园里
而我站在黑暗中。
听，一颗星星落地作响！
你别赤脚在这草地上散步，
我的花园到处是星星的碎片。

读了这首诗，你有没有惊叹于诗人非凡的想象力？你听到了星星落地的声音了吗？你是不是会忍不住瞅瞅脚边的草地，去寻找光亮的碎片。那在小诗人的笔下，流星又去了哪里呢？

蓝天教室

刘霄晓

云
是一个个娃娃
他们在蓝天教室里
学习

太阳老师
是班主任
月亮老师
教数学

当然

他们也有许多同学

那就是

星星

我想

流星就是

转学的星星吧

"流星就是转学的星星吧",第一次读到这句诗时,我被深深打动了。或许,小诗人的诗中正流淌着她对转学的同学的思念吧!

星星像什么呢?几乎所有的学生造句时都会这么说:"星星像小眼睛眨呀眨。"星星像什么呢?其实可以有一百种答案,让我们读读大诗人和小诗人的诗吧!

磨刀石

圣 野

月亮把夜天

当作一块

蓝幽幽的磨刀石

磨亮了镰刀

她就要去收割

像麦粒一样成熟的

满天的星星了。

在这首诗里,星星是成熟的麦粒,正等着月亮镰刀来收割呢!

星 星

李宇辰

星星

是月亮

　　　　燃放的礼花

星星是月亮燃放的礼花。哦,多么神奇,多么美丽的想象!诗,是灵性的;诗,是饱含深情的;诗,还是富有哲理的……

星星和蒲公英

[日本] 金子美铃

蓝蓝的天空深不见底,
就像小石子沉在大海里,
一直等到夜幕降临,
白天的星星　眼睛看不见。
看不见却在那里,
有些东西看不见。

干枯散落的蒲公英,
默默躲在瓦缝里,
一直等到春天来临,
它强健的根　眼睛看不见。
看不见却在那里,
有些东西看不见。

诗中反复出现的"看不见却在那里,有些东西看不见",不由令人深思:当我们不再关注日月星辰的变化,当我们失去对这个世界应有的敏感与好奇,当我们的想象力受到束缚,或许,我们就有了太多太多看不见的东西……

一朵白云一首诗

诗人山刚在题为《偏爱》的诗中这样写道：我偏爱抬头看云的人/我看到，云也在看那个人/云会说，那个人也是一朵云……

在这首诗中，我找到了自己……

走在路上，我常常停下脚步，凝望空中飘浮的云朵：大片大片凝滞的云团，若雪山；密集而又排列有序的小小的云朵，像鱼鳞；久雨初晴的天空，如洗过般澄澈，那流云则似轻纱，曼妙地拂过一寸寸蓝天……那变幻万千的云彩，让诗人产生了怎样的联想呢？

云

敻 虹

云是最干净的
最宽最舒服的床

云是比贝壳还亮的
大帆船

云是飞走的
妈妈的白手帕

在这首诗中，云是宽大而舒适的床，是亮亮的大帆船，还是妈妈的白手帕。而在学生的诗中,云又是什么呢?

白 云

蔡依霖

白云
是太阳的被窝
天冷了
太阳和我一样
不肯从被窝里
钻出来

读着这首诗,我不禁笑了。我想起了依霖早晨急急忙忙走进教室时的模样,有时候,嘴角还沾着面包屑。依霖把自己写进了诗中,用诗表现自己的生活,多好呀!

云

陶孜

天空
是蓝蓝的湖泊
白云
是喝着水的小羊

陶孜还为自己的这首诗配了插图呢:一群可爱的小绵羊,各有各的姿态,各有各的表情。小绵羊正在湖边饮水,湖面好蓝、好清澈……

依霖也为诗配了画。她的画中则画着许多美丽的小女孩:有的驾驶着白云飞机,有的踩着白云飞毯,手里还拿着白云棉花糖,有的撑着白云伞。最有趣的是,白云成了一顶美丽的轿子,轿子里,坐着一位小女孩,甜甜地笑着……

几乎每个孩子,都毫无理由地喜欢画画;对孩子而言,画画既是一种想象的游戏,又是他们的特殊"语言"。他们通过画画表达自己的情感,通过画画与这个世界进行沟通……

学生们的画是无拘无束的,学生们的想象也是无拘无束的,在卿佑的诗里,白云成了降落伞。

白云降落伞

吴卿佑

天晴了,
我和小伙伴玩蹦床。
我越蹦越高,
一下子蹦上天。

呀!怎么办?
我怎么回家?
不要急,不要慌,
白云降落伞来啦!
轻轻地轻轻地
送我回家……

在艺鸣的诗中,云又是什么呢?

云

陈艺鸣

云
是软软的橡皮泥
风
是捏橡皮泥的高手

一会儿捏头大象
　　一会儿捏只小鸟
　　一会儿捏条鳄鱼
　　……

　　风捏来捏去
　　蓝天成了动物园

孩子是天生的诗人，在他们的眼中，每一朵云都是一首诗。在梓欣的这首诗中，我又读到了自己……

云和天空

彭梓欣

　　云朵
　　方的、圆的都可爱
　　都是白白软软的

　　天空
　　深蓝、浅蓝都好看
　　都是云朵的家

每一朵云，都是可爱的；每一片晴空，都是好看的；学生的每一首诗，都是令我惊叹的……

一朵白云，一首诗；抬头看云，我也成了一朵云，一首诗……

游戏的童年

童诗课上,和学生一起聊游戏。
"你们玩过哪些游戏呢?"
"捉迷藏,踩影子,搭积木,放风筝……"

藏好了吗

金子美玲

——藏好了吗
——还没呢!
在枇杷树下,
在牡丹花丛里,
捉迷藏的孩子们。

——藏好了吗
——还没呢!
在枇杷树枝间,
在绿绿的果实里,
小鸟和枇杷果。

——藏好了吗

——还没呢！
在蓝天外，
在黑土里，
夏天和春天。

读完小诗，我问学生："你可以说说，谁和谁在捉迷藏吗？"

"叶子与风捉迷藏。"陶孜看看窗外的树，轻轻地说。那一刻，叶子正在舞蹈，我知道风已经藏在了密密的枝叶间。

"叶子还会和谁捉迷藏呢？"

"蜻蜓""青虫""雨滴""阳光"……

学生的想法，总是那么有趣！

"如果你也写一首捉迷藏的诗，你会写什么与什么捉迷藏呢？"

"云朵与大海""蚂蚁和米粒""蜜蜂和花蕊""蚯蚓与泥土"……

学生的思维一旦被打开，就会创造出数不清的神奇！我又给学生读了一首《踹影子》：

踹影子

张继楼

我到哪儿，
你到哪儿，
你这讨厌的小尾巴。
骂你不害羞，
踹你又不怕，
真是拿你没办法。

"在这首诗中，影子是讨厌的小尾巴。你觉得影子是什么呢？"

"影子是会变高变矮的魔法师。"依霖说。

"它什么时候高？什么时候矮呢？"我问依霖。

"上学时，我的影子高高的；放学时，我的影子矮矮的。不知道这是为什么呢。"

我把依霖的话整理成一首小诗：

多变的影子

蔡依霖

上学时
我的影子好高好高
放学时
我的影子好矮好矮
这是怎么回事呢？

依霖的诗激发了陶孜的想象："太阳是个放大镜，它把我变成巨人了。"

放大镜

陶 孜

早晨的太阳
是放大镜
它把我的影子放大
我变成巨人了

我又把陶孜的小诗写在黑板上，陶孜看着自己的诗，笑眯眯的……

"影子像镜子里的我，我做什么，她就做什么，可是，我却不知道镜子在哪里？"语晗说。语晗提出的问题又成了一首诗：

镜　子

唐语晗

我做什么
影子也做什么
就像镜子里的另一个我
总是学着我的动作

可是

镜子在哪儿呢

课间操的铃声响起了:"去做操时,你可以看看树的影子,看看国旗的影子,还有自己的影子哦!"

学生回到教室时,一个个迫不及待地告诉我他们关于影子的"发现"。

手 势

张嘉琳

没有树叶的大树

举起它的手臂

阳光下

它的影子像"Y"

这是大树

表示胜利的手势

嘉琳一边说,一边用手比画着……

疼

樊超越

我和小朋友

玩踩影子的游戏

踩了我的影子

我也觉得疼

我要保护好

我的影子

超越的小诗,不由让我想起了刚刚读过的一本书《偷影子的人》。

操场上的皮影戏

罗元浩

影子是我的玩偶

我让它点头

它就点头

我让它转身

它就转身

操场上

我在表演着皮影戏

想象着操场上的皮影戏，一定很热闹吧！最让我觉得独特的，还是可欣的"印章"。

可欣说："我是一枚印章，我把影子印在大地上。"

"印泥是什么呢？"我问。

"印泥就是太阳呀！"

印 章

姚可欣

太阳是暖暖的印泥

我是一枚

小小的印章

我把影子

印在大地上

多么好的小诗！我们就是一枚枚印章，我们都把影子印在大地上……

造就一片草原

"造就一片草原需要什么?"当我提出这个问题时,学生纷纷举起手来。宣仪的手举得最高。

"我和爸爸妈妈一起去过草原,造就一片草原需要一眼看不到边的青草,还需要吃着草的牛羊、奔跑的骏马……"

宣仪的眼睛里闪烁着明亮的光芒。她的草原之旅,一定是美好而难忘的。

"我没有去过草原,可是我在书上见到过草原。造就一片草原,还需要蒙古包……"家乐微笑着说。

"造就一片草原,需要想象。顾老师,我想说说梦想中的草原,好吗?"依霖的声音轻轻柔柔,"我梦想中的草原开满了鲜花。羊儿在小河边喝水。爸爸抱着我骑在马背上,马跑起来,像风一般……"

依霖娓娓道来,我们都陶醉在她描述的草原美景中。

要造就一片草原

[美] 艾米莉·狄金森

要造就一片草原,
只需要一株苜蓿一只蜂,
一株苜蓿一只蜂,
再加上白日梦。
有白日梦也就够了,

如果找不到蜂。

当我给学生读这首诗时，他们议论着："白日梦就是想象哦！造就一片草原，有想象就够了……"

是呀，有想象就够了，何必一定要蜂、一定要苜蓿呢？拥有了想象，便拥有了一切；诗，离不开想象……

"顾老师要给你看几幅草原的图片，哪幅图能引起你的想象？请举手，好吗？"（图片展示：碧绿的草原上，一汪清水中倒映着蓝天白云，羊儿静静地喝着水……）

"我觉得小河像镜子，青草就是镜框。"陶孜说。

"谁来照镜子呢？"我接着问。

"白云妹妹梳辫子要照镜子，羊儿也要照镜子，她们要看看自己美不美。"陶孜接着说。

镜　子

陶　孜

小河是镜子
绿草是镜框

清晨
白云对着镜子梳辫子
她要看自己美不美
羊儿也来照镜子
她也要看自己美不美

风儿一吹
哪是白云？哪是羊儿？
小河也分不清

一首小诗就这样诞生了，有了想象，就有了诗。

"我觉得小河是调色板,春风来画画,画出了绿草、蓝天、白云,还有各种颜色的花……"潘宣仪说。

调色板

潘宣仪

小河是调色板
春风来画画

画出草的绿
羊的白
天的蓝

还画出
一朵朵　一丛丛　一片片
红的花,紫的花,黄的花,粉的花
……

想象是多么神奇,同一幅图,同一条河,有了不一样的色彩,不一样的生命……

(图片展示:夕阳西下,一个个蒙古包炊烟袅袅,一群群羊儿慢慢走向蒙古包……)

看到这幅蒙古包的图片时,学生又纷纷举起手来。

唐语晗发言:"我觉得蒙古包像一个个热气腾腾的包子,羊儿们闻到了包子的香味,都赶来了。"

包子店

唐语晗

草原

开了包子店

傍晚

热腾腾的包子出笼了

一群群羊儿

闻到香味

都赶来了

看，聊着，聊着，就聊出来一首首可爱的小诗。

"这里还有一首诗，是发表在《少年日报》上的，作者是你熟悉的人哦！"

"陈木城""金波""方素珍"……学生报出一个个诗人的名字，我笑着摇摇头。

"我猜，是顾老师！"元浩大声说。

"是的，这首诗是顾老师送给你们的礼物哦！"

草 原

顾文艳

蓝天这块布匹
太大太大

清风把它绷得紧紧

绣上白花
一朵　一朵　又一朵

羊群向清风学刺绣

天上的白云
飘到东飘到西

地上的羊群
跑到东跑到西

羊群哪里知道
自己就是
绣在绿毯上的白花
一朵　一朵　又一朵

　　造就一片草原，需要想象力；造就诗意的课堂，不只需要想象力，还需要爱，需要师生间彼此的倾听……